"Nancy Guthrie é uma das melhores professoras de Bíblia que já ouvi ou li. Seu estilo — mesmo na escrita — é como uma conversa. É como se vocês estivessem juntas, tomando uma xícara de café, enquanto vão identificando os temas centrais da história bíblica, de Gênesis a Apocalipse. O Éden era ótimo, mas a nova criação será melhor do que a primeira — não porque este mundo já não existirá mais, mas porque será muito mais do que é. Não se trata apenas do fim do pecado e da morte, mas do tipo de justiça e de vida que nosso cérebro é simplesmente incapaz de entender agora. Mas nós recebemos vislumbres — e não há melhores do que estes que Guthrie traz à tona com tanto fervor, entusiasmo e habilidade."

Michael Horton, *professor de Teologia Sistemática e Apologética, Westminster Seminary, Califórnia; autor, Bom Demais para Ser Verdade, Simplesmente Crente*

"Uma das fraquezas de grande parte do ensino cristão popular sobre a Bíblia é a tendência de ler a história bíblica de modo circular, como se Jesus Cristo houvesse vindo ao mundo para nos levar de volta ao Éden. Nancy Guthrie traça um caminho melhor em seu livro. De maneira profundamente bíblica e fortemente prática, ela identifica nove temas bíblicos com uma trajetória comum, desde o seu princípio, na boa criação de Deus, passando por sua destruição e devastação pelo pecado de Adão, até o modo como Cristo aperfeiçoa, consuma e coroa cada tema por meio de seu sofrimento e glória. Permita que Guthrie a tome pela mão e a conduza por toda a Bíblia até Jesus Cristo, em quem encontramos uma provisão superior, uma vida superior, uma identidade superior, um descanso superior, um vestuário superior, um cônjuge superior, um salvador superior, um santuário superior e uma cidade superior a tudo o que este mundo em seu estado atual seria capaz de proporcionar."

Scott Swain, *presidente e professor de Teologia Sistemática, Reformed Theological Seminary, Orlando*

"Este livro prazeroso a ajudará a ver — com novos olhos — as belas tramas da rica tapeçaria da história bíblica. Recomendarei este livro profundo e informativo a muitas pessoas."

Jonathan Gibson, *professor adjunto de Antigo Testamento, Westminster Theological Seminary, Filadélfia, Pensilvânia*

"Na qualidade de pastor, percebo que os cristãos precisam de ajuda para aprender a contar a própria história de maneiras que a conectem corretamente ao que Deus assegurou para nós em sua Palavra. Com *Ainda melhor que o Éden*, Nancy Guthrie faz exatamente isso. Eis aqui um livro que vai treiná-la a falar de modo mais cativante às pessoas sobre por que e como Jesus é importante."

David Helm, *pastor, Holy Trinity Church, Chicago; autor, Discipulando com a Bíblia*

"Ainda melhor que o Éden tece uma gloriosa tapeçaria das variadas tramas da Escritura. Nancy Guthrie identifica nove magníficas tramas que vão da criação à consumação e que proporcionam uma introdução acessível à metanarrativa bíblica. Cada trama, ao ser desvendada, revela a beleza e o esplendor de Jesus. As páginas deste livro me enchem de uma ardente expectativa pelo dia em que chegaremos ao nosso lar, que será ainda melhor que o Éden, e em que a obra de arte consumada será revelada em toda a sua glória."

Karen Hodge, *coordenadora do ministério de mulheres da Presbyterian Church in America*

NANCY GUTHRIE

Ainda melhor que o Éden

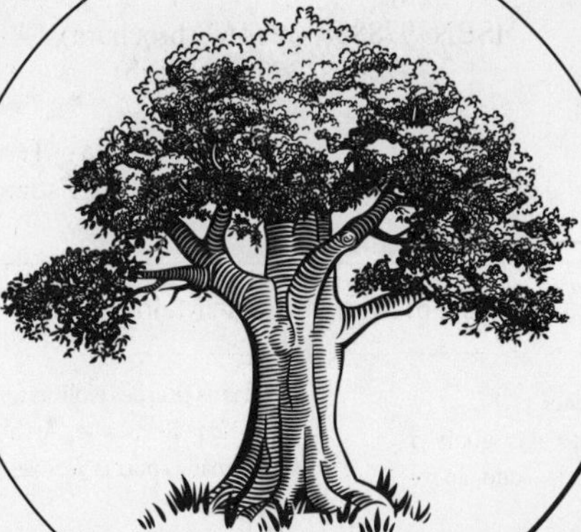

Nove maneiras através das quais a história da Bíblia muda tudo sobre a sua história

G984a Guthrie, Nancy
Ainda melhor que o Éden : nove maneiras através das quais a história da Bíblia muda tudo sobre a sua história / Nancy Guthrie ; [tradução: Vinicius Pimentel]. – São José dos Campos, SP: Fiel, 2020.
Tradução de: Even better than Eden : nine ways the Bible's story changes everything about your story.
Inclui referências bibliográficas e bibliografia (p. [317]- 326).
ISBN 9788581327167 (brochura)
     9788581327174 (epub)

1. Jesus Cristo – Reino. 2. Bíblia – Teologia. 3. Reino de Deus. 4. Escatologia. 5. Céu – Cristianismo. I. Título.
CDD: 231.7

Catalogação na publicação: Mariana C. de Melo Pedrosa – CRB07/6477

Ainda melhor que o Éden:
Nove maneiras através das quais a história da Bíblia muda tudo sobre a sua história
Traduzido do original em inglês
Even better than Eden: Nine Ways the Bible's Story Changes Everything about Your Story
Copyright © 2018 por Nancy Guthrie

∎

Publicado por Crossway Books,
Um ministério de publicações de Good News Publishers 1300 Crescent Street
Wheaton, Illinois 60187, USA.

Copyright©2018 Editora Fiel
Primeira Edição em Português: 2020

Todas as citações bíblicas foram retiradas da versão Almeida Revista e Atualizada exceto quando informadas outras versões ao longo do texto.

Todos os direitos em língua portuguesa reservados por Editora Fiel da Missão Evangélica Literária

PROIBIDA A REPRODUÇÃO DESTE LIVRO POR QUAISQUER MEIOS, SEM A PERMISSÃO ESCRITA DOS EDITORES, SALVO EM BREVES CITAÇÕES, COM INDICAÇÃO DA FONTE.

Diretor Executivo: Tiago J. Santos Filho
Editor-chefe: Vinicius Musselman Pimentel
Editora: Renata do Espírito Santo T. Cavalcanti
Coordenação Editorial: Gisele Lemes
Tradução: Vinicius Pimentel
Revisão: Shirley Lima
Capa: Larissa Nunes
Diagramação: Wirley Corrêa | Layout
ISBN: 978-85-8132-716-7 (impresso)
ISBN: 978-85-8132-717-4 (eBook)

Caixa Postal, 1601
CEP 12230-971
São José dos Campos-SP
PABX.: (12) 3919-9999
www.editorafiel.com.br

Sumário

Agradecimentos..11
Introdução..13

1 — A história do deserto................................19
2 — A história da árvore.................................43
3 — A história da imagem de Deus................73
4 — A história das vestes..............................101
5 — A história do noivo................................127
6 — A história do sabbath.............................157
7 — A história da descendência...................187
8 — A história de uma habitação.................215
9 — A história da cidade..............................245

Conclusão...273
Guia de estudos..279
Bibliografia..317

Agradecimentos

Como uma mulher que tem tanto a aprender, mas que também busca ensinar fielmente a Bíblia, fui muito abençoada por estar cercada pela sã doutrina, pelo encorajamento pessoal, pelas úteis contribuições e pelas críticas gentis de um bom número de homens teologicamente qualificados, e sou muito grata por isso.

Obrigada, Dr. James Walters, por acender uma chama em mim, na disciplina de Vida Cristã, ministrada na John Brown University, ao requisitar aquele primeiro trabalho sobre a glória de Deus.

Obrigada, Ray Ortlund Jr., por me apresentar à teologia bíblica e ao que significa ser graciosamente reformado.

Obrigada, Jean Larroux, por ser o primeiro a ouvir uma de minhas primeiras mensagens e confirmar nela a clara apresentação do evangelho.

Obrigada, David Filson, por ser tão brilhante que eu não poderia deixar de conversar com você sobre as ideias para este livro antes de começar a escrevê-lo, por me encorajar a cada passo do caminho e por me recomendar a outros além de minha verdadeira capacidade.

Obrigada, Matt Bradley (e Leslie!), por sua cuidadosa leitura do manuscrito e pelo tipo de comentário cuidadoso que sempre desejei ter antes de lançar um livro ao mundo.

Obrigada, Nate Shurden, por ser um pastor tão sábio e fiel para suas ovelhas, por orar fielmente por mim e por meu ministério, e por ser um apoio e encorajamento constantes.

Por fim, *Obrigada* àqueles teólogos que tanto me ajudaram com este projeto, por meio de gravações de palestras e sermões, artigos e livros. Sou especialmente grata a Greg Beale, J. V. Fesko, Ligon Duncan, Michael Horton e Lane Tipton.

Introdução

Se eu tivesse de lhe contar minha história, provavelmente contaria sobre onde minha vida começou: na cidade de Kansas, Missouri; sobre meus pais: Claude e Ella Dee; e sobre meu marido, David, e meus filhos, Matt, Hope e Gabriel. Eu poderia lhe falar sobre eventos importantes na minha vida: onde cresci, a escola na qual estudei e comecei minha carreira, como conheci e me casei com David, como minha vida mudou quando meu filho Matt nasceu, como mudou ainda mais quando meus filhos Hope e Gabriel morreram. Eu lhe contaria onde moro — em Nashville — e o que faço lá em meu dia a dia:

escrever e ensinar, evitar o supermercado e a academia, caminhar no parque com minhas amigas, lavar roupas, responder a e-mails, editar meu *podcast*, ir à igreja, fazer o jantar, assistir mais à TV do que eu gostaria de admitir, ir para a cama. Tudo isso lhe diria coisas verdadeiras sobre mim e minha história. Mas simplesmente não seriam os aspectos mais significativos da minha história. Elas simplesmente não seriam as realidades mais profundas que moldaram meu passado, meu presente ou meu futuro.

Há outra história, uma história encontrada nas páginas da Bíblia — do livro de Gênesis ao livro do Apocalipse —, a qual molda e define de onde eu vim, por que eu sou como sou, como é o dia a dia da minha vida e o que está diante de mim no futuro. É essa história que explica minhas mais profundas alegrias, assim como aqueles lugares desertos nos quais pode ser difícil encontrar contentamento. É essa história que explica meu ímpeto de ser alguém e minha suscetibilidade a me sentir como um ninguém. Ela explica o que me faz chorar e por que sou capaz de rir. Essa história explica meu desejo de ter uma boa aparência, meu anseio por uma vida boa, meu desejo por um lar e segurança e muito mais.

E, quer você saiba disso ou não, essa mesma formidável história — a história encontrada nos sessenta e seis livros da Bíblia — também molda o mundo no qual você vive, quem você é e o que você deseja. É por isso que você e eu precisamos conhecer essa história. É nela que encontramos as respostas às nossas perguntas sobre qual realidade importa, agora e até a eternidade. Essa história tem o poder de mudar tudo em nossas histórias.

Éden: onde sua história começa

A história da Bíblia começa em Gênesis 1, com Deus criando os céus e a terra, e colocando Adão e Eva num jardim chamado Éden. O Éden era lindo e radiante, e tendemos a pensar nele em termos de perfeição cabal. Muitas vezes, falamos acerca de nossos desejos para o futuro como sendo a restauração do Éden, ou o retorno ao Éden. Mas a realidade é que o Éden sobre o qual lemos em Gênesis 1 e 2 não era tudo o que Deus pretendia para sua criação. Ele era incorrupto, mas incompleto. Ele transbordava de potencial, mas ainda não era tudo o que Deus pretendia para o lar que ele partilharia com seu povo. Desde o princípio, o Éden não foi feito para ser estático; ele estava conduzindo a outro lugar.[1] Da mesma forma, Adão e Eva ainda não

---

1. "Não é bíblico sustentar que a escatologia seria uma espécie de apêndice à soteriologia, uma consumação da obra salvadora de Deus. [...] Há um fim absoluto postulado para o universo antes e à parte do pecado. O universo, como foi criado, era apenas um princípio cujo significado não era perpetuação, mas, sim, consecução. O princípio da relação de Deus com o mundo, desde o começo, era um princípio de ação ou realização. O objetivo não era comparativo (i.e., evolução); era superlativo (i.e., o objetivo final). Esse objetivo não era apenas anterior ao pecado, mas também desvinculado do pecado." Geerhardus Vos, *The Eschatology of the Old Testament* (Phillipsburg, NJ: P&R, 2001), 73.

eram tudo o que Deus pretendia que seu povo fosse. Eles eram sem pecado, mas ainda não eram gloriosos, ao menos não tão gloriosos quanto Deus pretendia que se tornassem. Algo superior estava preparado para Adão e Eva se eles obedecessem à palavra de Deus que lhes fora dada.

Mas a triste história do Éden é que Adão e Eva não obedeceram. Tudo no Éden deu terrivelmente errado. Essa é a parte da história da Bíblia que explica por que tantas coisas dão terrivelmente errado em nossas histórias. Essa é a parte da história que provê a resposta mais profunda aos nossos questionamentos em meio aos sofrimentos e às dificuldades de nossa vida.

Felizmente, contudo, a história iniciada no Éden não termina ali. O plano de Deus para seu mundo e seu povo não poderia ser frustrado pelo pecado humano. Agora mesmo, Deus está executando seu plano de fazer muito mais do que simplesmente restaurar sua criação ao estado de integridade que houve no Éden. Cristo veio para realizar o que era necessário para abrir o caminho para nós, não apenas de volta ao jardim do Éden, mas o caminho para um lar que será ainda melhor que o Éden e para uma vida que será ainda melhor do que a vida que Adão e Eva desfrutaram ali.

Como pode ser melhor? É disso que trata este livro. Cada capítulo traçará um tema que corre de Gênesis a Apocalipse e que revela um aspecto das excelências e sublimidades do novo céu e da nova terra (o que nós também poderíamos chamar de Éden 2.0, novo Éden, nova criação, a cidade por vir ou a Nova Jerusalém) — superiores não apenas à vida neste mundo afetado pelo pecado no qual vivemos hoje, mas superiores até ao que Adão e Eva experimentaram no Éden original.

Mas este livro não foca somente no que está por vir quando Cristo retornar e estabelecer o novo céu e a nova terra, pois a glória, a vida, a intimidade, a segurança e a novidade daquele futuro não estão reservadas apenas ao futuro. Ainda não as estamos experimentando do modo pleno e completo como vamos experimentar um dia, mas elas já estão invadindo o aqui e o agora. Pense em como Marcos inicia seu Evangelho nos falando das boas-novas que Jesus começou a anunciar no princípio de seu ministério. Jesus disse: "O reino de Deus está próximo". Com a encarnação de Cristo, a novidade que procede somente dele começou a invadir este mundo. Depois, em sua ressurreição, essa novidade começou a inundar o mundo. E ainda está inundando o mundo, à medida que o evangelho vai-se espalhando, sendo abraçado por pessoas de todas as nações. O poder do evangelho ainda traz vida onde há morte, esperança onde há desespero e beleza onde há desolação.

À medida que o evangelho vai-se espalhando e as pessoas se agarram ao Cristo ressurreto, pela fé, a nova criação continua a transformar este mundo. Foi sobre isso que Paulo falou ao escrever: "Logo, todo aquele que está em Cristo se tornou nova criação. A velha vida acabou, e uma nova vida teve início!" (2Co 5.17, NVT). Em outras palavras, ser unido ao Cristo ressurreto é ser invadido, aqui e agora, pela novidade, a glória e a vida do Éden superior. Apegar-se à glória do futuro transforma seu sentimento de vergonha no presente. Um senso bem estabelecido da segurança do futuro ameniza seu temor da morte no presente. Um crescente sentimento de identidade como um cidadão dos céus muda a forma como você se enxerga no presente. Ao assimilarmos verdadeiramente o relacionamento de amor que desfrutaremos na eternidade, nosso coração é aquecido em relação a Cristo no presente.

Paulo escreveu que nós somos aqueles "sobre quem os fins dos séculos têm chegado" (1Co 10.11). E, se isso é verdade, queremos conhecer mais sobre o fim dos séculos. Queremos enxergar o que o jardim original tem a nos mostrar sobre aquele jardim mais seguro, mais prazeroso e mais glorioso no qual estamos destinados a viver eternamente, que será ainda melhor que o Éden.

A história do *Deserto*

Eu lhe asseguro: sou a última pessoa no mundo que deveria tentar ensinar-lhe uma palavra em outro idioma. Estudei dois anos de alemão no ensino médio e dois semestres na faculdade, mas tudo o que consigo lembrar é *ich bin*, que significa "eu sou". Não consigo sequer lembrar suficientemente o alemão para formar uma frase completa a partir dessas palavras. Certa vez, depois de falar numa prisão feminina na Colômbia, América do Sul, eu queria poder cumprimentar cada mulher que vinha receber o pequeno presente que tínhamos para ela, dizendo "O Senhor te ama" em espanhol.

Mas eu simplesmente não conseguia falar direito. Meu marido, David, tinha de ficar atrás de mim e repetir a frase em espanhol, de novo e de novo, porque eu insistia em falar errado. Quem sabe o que eu realmente disse àquelas mulheres?

Mas há uma expressão hebraica que eu quero ensinar a você, pois ela acrescenta toda uma dimensão à história que a Bíblia conta, a começar pela primeira frase de toda a Bíblia. Além disso, é meio legal de falar. Está pronta? Lá vai: *tohu wabohu* (והבו והת).

Está lá, nas frases iniciais da Bíblia. Nossa tradução em português diz: "No princípio, criou Deus os céus e a terra. A terra, porém, estava sem forma e vazia; havia trevas sobre a face do abismo, e o Espírito de Deus pairava por sobre as águas" (Gn 1.1-2). A Bíblia inicia dizendo que Deus criou os céus e a terra, e que ela estava, em hebraico, *tohu wabohu*. Estava "sem forma e vazia". *Tohu* significa "ermo ou deserto informe e caótico" e *bohu* significa "vazio". Então, Gênesis 1.2 nos diz que, quando Deus criou os céus e a terra, inicialmente era uma terra desolada e inabitável, um deserto infértil. Ela não tinha forma nem contorno. Nenhuma vida podia viver ali.

Acho que sempre pensei que, quando Deus criou a terra, ele, com sua palavra, a trouxe à existência como ela é. Mas, evidentemente, o que, a princípio, Deus trouxe à existência com sua palavra foi uma massa de matéria informe, na qual não era possível viver nada nem ninguém. Eram as matérias-primas às quais Deus daria forma e contorno. De fato, havia três problemas significativos com a terra como Deus inicialmente a criou, segundo Gênesis 1.2. Ela era sem forma, vazia e escura. Mas não era sem esperança. Por quê? Pois "o Espírito de Deus pairava por sobre as águas" (Gn 1.2).

O Espírito de Deus estava lá, pairando — ou esvoaçando — sobre a profunda escuridão da terra informe, como uma galinha chocando um cosmo ainda por eclodir.[1] Algo estava prestes a acontecer. Deus, por seu Espírito, mediante seu Verbo, estava para iluminar, ordenar e encher sua criação.

Então, bem ali no primeiro capítulo da Bíblia, descobrimos que *tohu wabohu* não é um problema para Deus. Quando seu verbo "Haja" aparece e a energia criativa do Espírito paira, aquilo que estava em trevas é inundado pela luz, o que era caótico torna-se ordenado e o que estava vazio se enche de vida, beleza e propósito.

Essas são, de fato, boas notícias. Afinal, embora você possa não estar familiarizada com o termo *tohu wabohu*,

---

1. "O Vento de Deus começou a se mover sobre a face das águas. Aqui, o Vento paira como uma galinha sobre um cosmo ainda em ovo, aguardando para ver o que virá quando esse universo informe eclodir." Calvin Miller, *Loving God Up Close* (Nashville, TN: Warner Faith, 2004), 10.

tal realidade pode ser-lhe dolorosamente familiar. Talvez você sinta que o lugar mais profundo e mais honesto dentro de você seja *tohu wabohu* — um vazio escuro e inquietante. Talvez seja um vazio trazido pela perda. Outrora havia algo ou alguém que preenchia aquele espaço em sua vida, mas agora seu coração dói de saudade por aquilo que um dia foi. Agora há um lugar vazio à mesa, ou um quarto vazio na casa, ou você dorme numa cama vazia. Em vez de ter planos e um senso de propósito, uma agenda e um futuro vazios pairam à sua frente. Ou talvez o vazio em sua vida seja marcado não pelo que um dia foi, mas pelo que jamais chegou a ser. Você jamais teve um anel no dedo, um filho no ventre ou um título ligado ao seu nome. Os sonhos que você tantas vezes buscou minimizar, com medo de que dizê-los em voz alta de algum modo serviria para arruiná-los e, portanto, arruinar você, parecem estar fora do alcance ou além das possibilidades. Ou talvez você não possa apontar exatamente por que tem essa sensação de vazio. Você percebe que, em comparação com tantas outras pessoas à sua volta, está numa situação favorável. Contudo, sua alma esconde uma sensação persistente de decepção e descontentamento. Às vezes, parece que a vida de quase todos à sua volta está cheia de propósito e significado, vivacidade e amor, momentos felizes e planos para o futuro, e tudo isso serve para apontar o lugar vazio em sua vida.

Às vezes, seu sentimento de vazio a persegue como uma dor persistente. Outras vezes, sobrecarrega você como uma agonia implacável. Talvez você tenha passado a enxergar seu vazio como seu maior problema. Mas eu tenho de lhe dizer: não é assim que Deus enxerga. Deus enxerga o vazio em sua vida como a maior oportunidade dele, pois Deus faz sua maior obra com o *vazio*, preenchendo-o de si mesmo.

Descontentamento no jardim

Adão e Eva não tinham qualquer razão para se sentir vazios. O mundo deles estava cheio de toda a bondade. Para onde quer que olhassem, eles deparavam com aquilo que Deus trouxera à existência e declarara ser bom, até mesmo muito bom. Ele os colocou num jardim paradisíaco no qual havia plantado toda a sorte de árvores boas para alimento. Deus apenas falou: "Produza a terra relva, ervas que deem semente e árvores frutíferas que deem fruto segundo a sua espécie, cuja semente esteja nele, sobre a terra" (Gn 1.11). E assim se fez. E Deus viu que era bom.

Ninguém que se tenha esforçado para fazer uma árvore ou um arbusto enraizar-se num solo duro, ou que tenha passado um dia inteiro arrancando ervas daninhas no jardim, apenas para vê-las sufocando seus doces morangos, ou que tenha tentado afugentar as toupeiras para o jardim do vizinho (quem faria tal coisa?), pode sequer imaginar como deve ter sido aquilo. Nada apodrecia, murchava nem secava no Éden. A picada de um espinho jamais fez Adão correr atrás de um curativo. Adão e Eva receberam a tarefa de encher a terra, sujeitá-la e exercer domínio sobre ela. Do mesmo modo pelo qual Deus trouxe ordem ao caos inicial de sua criação, Adão deveria estender a ordem do Éden. Juntos, Adão e Eva deveriam ser fecundos e multiplicar-se, de modo que sua descendência iria estender os limites do Éden, enchendo-o de homens e mulheres, como Adão e Eva, portadores da imagem de seu Criador, a fim de que "a terra se [enchesse] do conhecimento da glória do SENHOR, como as águas cobrem o mar" (Hc 2.14).

Nada faltava na vida de Adão e Eva; eles tinham todas as razões para ser perfeitamente felizes. Contudo, quando a serpente sugeriu a Eva que havia algo que ela não possuía, algo de que ela realmente precisava para ser feliz, ou seja, a sabedoria que viria de comer da árvore proibida e a experiência gustativa de comer seu delicioso fruto, Eva permitiu que a perspectiva da serpente moldasse a sua perspectiva. Em vez de se contentar com toda a bondade derramada sobre ela e ao seu redor, Eva começou a ver um lugar vazio em sua vida, em sua dieta, em seu conhecimento, em sua experiência. Seu desejo por algo mais, algo além da provisão de Deus, combinado com sua dúvida crescente acerca da bondade de Deus, a fez estender a mão por aquilo que ela achou que a faria feliz, plena e satisfeita.

Oh, como aquela mordida deve ter-se tornado amarga em seu estômago quando ela deparou com a realidade do que fizera! Oh, como aquele apetite por sabedoria deve ter parecido tão tolo depois de consumado! Quando Deus terminou de amaldiçoar a serpente e passou a dizer a Eva e Adão como essa maldição iria afetá-los, deve ter ficado claro que o que ela havia enxergado como um deleite era, de fato, um desastre. As mesmas coisas que deveriam trazer-lhes tanta alegria e satisfação, agora, trariam dor e frustração. Dar à luz filhos e criá-los neste mundo agora infectado pelo pecado seria doloroso. Seu casamento com Adão, o serem uma só carne, agora estaria repleto de atritos. O trabalho de Adão seria frustrante, em vez de gratificante. Adão fora designado para cultivar o solo, mas agora isso seria um labor doloroso. A terra daria fruto, mas também espinhos, espinhos que traspassariam a carne de Adão.

Aquela centelha de descontentamento que Eva acendeu no jardim deve ter-se tornado um fogo devastador depois que ela e Adão foram exilados no insubmisso deserto que os circundava.² Porém, o descontentamento crônico que agora a perseguia revelou-se também como uma graça. Revelou-se como um constante lembrete de que o contentamento pleno e duradouro existe apenas na vida que lhes fora prometida se eles houvessem obedecido, se houvessem sido capazes de se banquetear eternamente do fruto da árvore da vida. Mas como eles o obteriam agora? Os anjos estavam em guarda, protegendo o caminho de volta ao jardim.

O próprio Deus providenciaria um caminho para seu povo entrar num jardim ainda melhor que o Éden. Ele começou chamando para si um homem que morava em Ur — Abraão —, para que ele morasse na terra que Deus lhe daria. Não havia nenhum anjo guardando a entrada daquela terra quando Abraão entrou nela, mas é interessante observar que, posteriormente, quando seu neto Jacó saiu daquela terra para encontrar uma esposa, ele lutou com um anjo em seu caminho de volta. Ao fim da

---

2. "Havia uma diferença entre as condições dentro e fora do jardim. Gênesis 2.5 afirma que 'não havia ainda nenhuma planta do campo na terra', uma referência à vegetação campestre, adequada apenas para pastagem animal. Por outro lado, 'nenhuma erva do campo havia brotado', uma referência à lavoura cultivada com irrigação e esforço humano para ser consumida como alimento. Essa divisão entre vegetação campestre e produção agrícola significa que havia um limite perceptível entre o jardim e o mundo exterior. Deus fez chover e criou o homem para lavrar o solo (Gn 2.6-7) e, portanto, na área imediata do jardim, havia ordem." J. V. Fesko, *Last Things First: Unlocking Genesis 1-3 with the Christ of Eschatology* (Ross-shire, UK: Christian Focus, 2007), 98.

vida de Jacó, seus filhos não estavam mais vivendo na terra, mas haviam sido escravizados no Egito. Então, Deus enviou um libertador que anunciou ao povo de Deus que ele havia descido "a fim de livrá-lo da mão dos egípcios e para fazê-lo subir daquela terra a uma terra boa e ampla, terra que mana leite e mel" (Êx 3.8). Meio que soa como um novo Éden, não é?

Descontentamento no deserto

Infelizmente, o caminho para essa terra edênica exigiu um desvio de quarenta anos no deserto. Foi lá que o descontentamento inerente à vida no deserto mostrou sua face repulsiva. Lemos sobre isso no livro que chamamos Números, mas cujo título original era "No deserto". Moisés nos diz:

> E o populacho que estava no meio deles veio a ter grande desejo das comidas dos egípcios; pelo que os filhos de Israel tornaram a chorar e também disseram: Quem nos dará carne a comer? Lembramo-nos dos peixes que, no Egito, comíamos de graça; dos pepinos, dos melões, dos alhos silvestres, das cebolas e dos alhos. Agora, porém, seca-se a nossa alma, e nenhuma coisa vemos senão este maná. (Nm 11.4-6)

Não é que eles não tivessem nada para comer. É que eles queriam comer algo diferente do maná que Deus fizera chover sobre eles todos os dias. Seus estômagos, com efeito, não estavam vazios. Mesmo assim, eles tinham um sentimento de vazio. E isso soa um tanto familiar, não é? Como Adão e Eva, que eram livres para comer de toda árvore do jardim, exceto uma — e, mesmo assim, se sentiram carentes? (E como eu, quando peço Coca Diet e o garçom diz: "Serve Pepsi Diet?")

Quarenta anos depois de os israelitas deixarem seus apetites darem lugar à murmuração pela primeira vez, quando seus filhos se preparavam para deixar o deserto e entrar na terra que Deus prometera lhes dar, Moisés explicou por que Deus lhes havia permitido experimentar estômagos vazios naquela ocasião: "Ele te humilhou, e te deixou ter fome, e te sustentou com o maná, que tu não conhecias, nem teus pais o conheciam, *para te dar a entender* que não só de pão viverá o homem, mas de tudo o que procede da boca do Senhor viverá o homem" (Dt 8.3).

Ele "te deixou ter fome". Ele permitiu que eles sentissem seu vazio. Por quê? Para que as pontadas na barriga e seu descontentamento os levassem a considerar cuidadosamente o que lhes daria satisfação profunda, o que os encheria plenamente. Não seria simplesmente uma comida bem temperada. Seria uma palavra divina, uma presença divina, uma promessa divina, um poder divino que os capacitasse a viver com menos do que tudo aquilo que eles poderiam desejar no deserto deste mundo.

Você já refletiu sobre o vazio que sente por essa perspectiva? Você considera que talvez Deus a tenha deixado ter fome de seja lá o que a faz faminta para que você se torne mais desesperada por ele, mais convencida de que ele é a fonte daquilo que vai preenchê-la? Você considera que ele pode querer reeducar seus apetites, redirecionando-os para fora deste mundo, desta vida, até mesmo desta era, para que sua antecipação da era por vir comece a moldar sua perspectiva acerca de seja lá o que lhe faz falta?

Enquanto se preparavam para entrar na terra, Moisés transmitiu esta promessa de Deus ao seu povo:

> Se diligentemente obedecerdes a meus mandamentos que hoje vos ordeno, de amar o SENHOR, vosso Deus, e de o servir de todo o vosso coração e de toda a vossa alma, darei as chuvas da vossa terra a seu tempo, as primeiras e as últimas, para que recolhais o vosso cereal, e o vosso vinho, e o vosso azeite. Darei erva no vosso campo aos vossos gados, e comereis e vos fartareis. Guardai-vos não suceda que o vosso coração se engane,

> e vos desvieis, e sirvais a outros deuses, e vos prostreis perante eles; que a ira do SENHOR se acenda contra vós outros, e feche ele os céus, e não haja chuva, e a terra não dê a sua messe, e cedo sejais eliminados da boa terra que o SENHOR vos dá. (Dt 11.13-17)

Oh, como desejamos que eles houvessem aprendido as lições que deveriam aprender durante aqueles quarenta anos no deserto! É óbvio que não aprenderam. Em vez de viverem de cada palavra que procede da boca do Senhor, eles consumiram tudo que lhes foi servido pelos canaanitas que habitavam a terra. Aquilo que Moisés lhes advertira que aconteceria se eles se recusassem a obedecer a Deus se tornou a dura realidade deles. Deus usou o exército babilônico para trazer juízo sobre seu povo. Como consequência de sua destruição, a terra de leite e mel se transformou em um deserto. O profeta Jeremias descreveu a situação de Israel após os exércitos da Babilônia o invadirem:

> Olhei para a terra, e ei-la *sem forma e vazia*;
> para os céus, e não tinham luz. [...]
> Olhei ainda, e eis que a terra fértil era um deserto,
> e todas as suas cidades estavam derribadas diante
> do Senhor, diante do furor da sua ira. (Jr 4.23, 26)

Você notou ali nossa nova expressão hebraica, *tohu wabohu*? Jeremias toma emprestada a linguagem de Gênesis 1.2 para descrever a condição de Judá sob a devastadora destruição do exército babilônico. Mais uma vez, a terra se tornara "sem forma e vazia" — *tohu wabohu*. Eles haviam recebido uma terra de leite e mel, e ela se tornou uma terra desolada e infértil. Vazia de beleza. Vazia de vida. Vazia de alegria.

Mas esse não era o fim da história. Jeremias também recebeu uma visão do que estava por vir quando o povo de Deus abandonaria sua existência desértica na Babilônia de volta ao lar. Jeremias profetizou: "Hão de vir e exultar na altura de Sião, radiantes de alegria por causa dos bens do Senhor, do cereal, do vinho, do azeite, dos cordeiros e dos bezerros; a sua alma será *como um jardim regado*, e nunca mais desfalecerão" (Jr 31.12).

Um "jardim regado"? Como sucederia isso? Quando sucederia isso?

Contentamento no deserto

A verdadeira restauração começou séculos depois, com o som de uma voz solitária, a voz do mensageiro, João Batista:

> Voz do que clama no deserto:
> Preparai o caminho do Senhor,
> endireitai as suas veredas. (Mt 3.3)

Assim como o Espírito pairou, o Verbo se manifestou e o escuro vazio se encheu de luz e vida na criação, assim também, na aurora da nova criação, o mesmo Espírito pairou sobre o escuro vazio do ventre de uma virgem. Foi dito a Maria: "Descerá sobre ti o Espírito Santo, e o poder do Altíssimo te envolverá com a sua sombra; por isso, também o ente santo que há de nascer será chamado Filho de Deus" (Lc 1.35). Novamente, o Verbo se manifestou, mas dessa vez, em vez de se manifestar em poder criativo, manifestou-se em forma humana. "E o Verbo se fez carne e habitou entre nós" (Jo 1.14). Deus inundou o mundo com sua bondade, ao entrar nele na pessoa de Jesus Cristo.

Jesus, o segundo Adão, o verdadeiro Israel, deixou a terra celestial de leite e mel, e entrou no deserto deste mundo com todos os seus espinhos e ervas daninhas. Devemos enxergar isso bem no início de seu ministério: "A seguir, foi Jesus levado pelo Espírito ao deserto, para ser tentado pelo diabo" (Mt 4.1). Assim como Satanás entrou no jardim para tentar Adão e Eva, também o diabo entrou no deserto para tentar Jesus. Assim como Satanás distorceu a palavra de Deus, atiçando as chamas do descontentamento com a provisão divina do alimento e sugerindo que Adão e Eva poderiam alcançar e tomar para si mesmos a glória que Deus havia prometido, em vez de confiarem que a receberiam de Deus, também Satanás distorceu a palavra de Deus para seus próprios propósitos malignos, sugerindo que Jesus usasse seu poder para alimentar a si mesmo, em vez de confiar na provisão divina do alimento. Ele tentou Jesus a agarrar a glória ao saciar a si mesmo, em vez de esperar pela glória que lhe estava preparada ao se submeter à cruz. Porém, em vez de cair nas garras do que disse o tentador, Jesus replicou citando as palavras que Deus havia falado por Moisés ao seu povo no deserto: "Não só de pão viverá o homem, mas de toda palavra que procede da boca de Deus" (Mt 4.4; cf. Dt 8.3).

Mateus nos diz que, após Jesus passar no teste da tentação no deserto, "eis que vieram anjos e o serviram" (Mt 4.11). Quão diferente da experiência do primeiro Adão! Os anjos puseram-se contra o primeiro Adão, como adversários, impedindo seu retorno do deserto para o jardim. E quão diferente do resultado trazido pelo primeiro Adão! Por causa do fracasso do primeiro Adão em obedecer num jardim, toda a humanidade foi lançada no deserto. Mas, por causa da disposição do segundo Adão de obedecer no deserto, abriu-se para nós o caminho para um jardim ainda melhor que o Éden.

Jesus começou a garantir essa realidade àqueles que punham sua fé nele ainda enquanto estava pendurado na cruz, ao dizer ao ladrão pendurado ao seu lado: "Em verdade te digo que hoje estarás comigo no paraíso" (Lc 23.43). Ali, na cruz, Jesus entrou na suprema terra desolada da morte — a suprema *tohu wabohu* — em nosso lugar, para que pudéssemos entrar na vida abundante que Deus prometeu.

Percebemos a vida no novo jardim invadindo o deserto do mundo imediatamente após a ressurreição de Jesus. João nos diz: "No lugar onde Jesus fora crucificado, havia um jardim, e neste, um sepulcro novo, no qual ninguém tinha sido ainda posto" (Jo 19.41). E continua: "Maria, entretanto, permanecia junto à entrada do túmulo, chorando. Enquanto chorava, abaixou-se, e olhou para dentro do túmulo, e viu dois anjos vestidos de branco, sentados onde o corpo de Jesus fora posto, um à cabeceira e outro aos pés" (Jo 20.11-12). Parece que esse túmulo vazio se tornara a porta de entrada para o novo jardim. Dois anjos estavam lá para dar as boas-vindas àqueles que se identificassem com Jesus em sua morte e ressurreição. Lemos que Maria "voltou-se para trás e viu Jesus em pé, mas não reconheceu que era Jesus. Perguntou-lhe Jesus: Mulher, por que choras? A quem procuras? Ela, supondo ser ele o jardineiro..." (Jo 20.14-15).

"Supondo ser ele o jardineiro..." E, é claro, ele era — ele é — o Jardineiro! Aquele era o alvorecer da nova criação. O Jardineiro estava de pé, ao romper da aurora, fazendo o trabalho que o primeiro Adão falhara em executar — estender as fronteiras do paraíso pelo deserto deste mundo.[3] Agora mesmo, a nova criação está invadindo o deserto de nossas vidas neste mundo. É o que acontece quando nos identificamos com Jesus, quando nos unimos a Jesus em sua morte e ressurreição. Essa é a intenção de Paulo ao dizer: "Se alguém está em Cristo, é nova criação" (2Co 5.17, NVI). Ela invade nossa vida e nos transforma de pessoas espiritualmente mortas em pessoas espiritualmente vivas, pessoas que começam a experimentar — em parte, agora, e em plenitude, na eternidade — a vida infindável, abundante e cheia de satisfação que Adão e Eva teriam experimentado

---

3. "O objetivo de espalhar a glória de Deus por todo o mundo, por meio de gloriosos portadores de sua imagem, deve ser compreendido mais especificamente como estender os limites do templo do Éden (uma continuação da glória divina) por toda a terra. Greg Beale, *Teologia bíblica do Novo Testamento: A continuidade teológica do Antigo Testamento no Novo* (São Paulo: Vida Nova, 2018). Adiante, ele escreve: "A intenção parece ser que Adão alargasse os limites do jardim em círculos cada vez maiores, estendendo a ordem do santuário do jardim para as inóspitas áreas externas. A expansão exterior incluiria o objetivo de espalhar a gloriosa presença de Deus. Isso seria feito especialmente pela prole de Adão, nascida à sua imagem e, assim, refletindo a imagem de Deus e a luz da sua presença, desde que eles continuassem a obedecer ao mandato dado aos seus pais e saíssem para sujeitar as terras externas até que o santuário do Éden cobrisse a terra." Ibid., 622.

se houvessem passado no teste probatório da árvore no Éden.[4]

Mas, enquanto digo isso, talvez você esteja pensando: "Sim, isso parece bom, mas minha vida ainda está marcada de muitas maneiras pelo deserto, o desapontamento, o descontentamento, o vazio". Eu entendo isso. A minha também está. Essa realidade nos faz questionar se, de fato, é possível viver no deserto deste mundo com alguma real percepção da nova criação invadindo o nosso aqui e agora. A experiência do apóstolo Paulo, tanto dos espinhos do deserto como do contentamento do jardim vindouro, nos indica que sim.

O modo de Paulo expressar a dor desta vida era: "Foi-me posto um espinho na carne" (2Co 12.7). O que era esse espinho? Não sabemos. O que sabemos é que era muito mais do que um leve desconforto. A palavra grega usada para *espinho* se refere a uma estaca — uma seta afiada de madeira usada para empalar alguém. Então, seja

---

4. "O pacto das obras, instituído no jardim do Éden, era a promessa de que a perfeita obediência seria recompensada com a vida eterna. Adão foi criado sem pecado, mas com a capacidade de cair em pecado. Houvesse permanecido fiel no período da tentação no jardim (o 'período probatório'), ele se teria tornado incapaz de pecar e lhe seria assegurado o eterno e indissolúvel direito de permanecer com Deus." Matt Perman, "What Does John Piper Believe about Dispensationalism, Covenant Theology, and New Covenant Theology?" site do *Desiring God*, 23 jan. 2011, acesso em 1º maio 2017, http://www.desiringgod.org/articles/what-does-john-piper-believe-about-dispensationalism-covenant-theology-and-new-covenant-theology.

lá o que fosse esse espinho, Paulo se sentia empalado, imobilizado, por ele. Paulo relata seus repetidos rogos a Deus para que o livrasse daquilo. Claramente, o que quer que fosse, aquilo lhe trazia uma agonia implacável.

A maioria de nós, ao sofrer, se pergunta o porquê. Mas Paulo não perguntou o porquê. Ele parecia entender exatamente a razão pela qual o espinho na carne lhe fora dado e de onde ou — mais precisamente — de quem vinha. Paulo havia recebido um passeio guiado pelo paraíso, o lugar no qual Deus habita. Obter um vislumbre antecipado do paraíso é o tipo de experiência que poderia fazer a cabeça de alguém inchar de orgulho espiritual. Então, "para que não me ensoberbecesse com a grandeza das revelações, foi-me posto um espinho na carne" (2Co 12.7). Quando Paulo olhava para o espinho, via a mão de Deus operando em sua vida, protegendo-o de se valer de sua incrível experiência espiritual para se vangloriar. Mas, claramente, isso não era tudo o que Paulo via no espinho.

Ele também descreveu o espinho em sua carne como um "mensageiro de Satanás, para me esbofetear". Satanás atormentava Paulo com a tentação de se ressentir com Deus por permitir que o espinho perfurasse sua vida já repleta de dor. Ele atormentava Paulo com a tentação de culpar Deus e encher-se de ressentimento. Mas, para Paulo, estava claro que Satanás não tinha o controle definitivo do espinho. Deus, em seu poder soberano, estava trabalhando e usando aquilo que Satanás intentara para o mal para seu próprio bom propósito. Paulo entendia que Deus intentara usar o espinho para um propósito santificador em sua vida.

Mas ele ainda implorou para que o espinho fosse removido, para que a dor cessasse. E eu compreendo isso. Mesmo quando conseguimos ver que Deus está usando as feridas em nossa vida para realizar algo bom em nós, ainda desejamos que a dor cesse. Paulo rogou que Deus a removesse. Depois, rogou de novo. Depois, rogou de novo. Então, ele ouviu o próprio Jesus falar-lhe: "A minha graça te basta, porque o poder se aperfeiçoa na fraqueza" (2Co 12.9).

A resposta de Jesus à reta, rigorosa e repetida oração de Paulo não foi remover o espinho, mas, em vez disso, prover-lhe graça suficiente para capacitá-lo a viver com o espinho. Paulo haveria de experimentar o poder divino não na remoção do espinho, mas em sua redenção. "De boa vontade, pois, mais me gloriarei nas fraquezas, para que sobre mim repouse o poder de Cristo", escreveu Paulo (2Co 12.9). Evidentemente, essa promessa do "poder de Cristo" — o mesmo poder que capacitou Jesus a suportar a cruz, o mesmo poder que ressuscitou Jesus dentre os mortos — vindo repousar em Paulo transformou sua perspectiva acerca do espinho que continuaria a ser uma realidade em sua vida, dia após dia. Essa nova perspectiva o capacitou a dizer: "Pelo que *sinto prazer* nas fraquezas, nas injúrias, nas necessidades, nas perseguições, nas angústias, por amor de Cristo. Porque, quando sou fraco, então é que sou forte" (2Co 12.10). Contentamento no deserto. Contentamento agora, numa terra em que espinhos produzem dor.

Isso lhe parece possível? Parece possível você estar contente ainda que suas circunstâncias não mudem? Parece possível você estar aberta a receber o poder divino que transformará a forma como você pensa acerca dos lugares desolados de sua vida?

Minha amiga, se você está fraca — exausta do trabalho, esgotada pelo excesso de críticas, cansada das demandas e dos desapontamentos constantes —, se você chegou ao fim de si mesma, se você foi esvaziada de suas ilusões de ser forte, você está apenas no lugar exato para ser preenchida com a bondade de Deus. Finalmente, você pode ser cheia. Você está plenamente dependente. Há espaço para o poder de Cristo repousar em você de tal modo que lhe dará a força para estar contente, mesmo enquanto está vivendo sua vida no deserto deste mundo.

"Quando sou fraco, então é que sou forte." Essa era a realidade que moldava a vida de Paulo. Mas, com efeito, a vida de Paulo estava apenas sendo conformada ao padrão da vida de Cristo. Jesus, o artesão que fez o mundo, entrou no deserto deste mundo em fraqueza, como um embrião no ventre de sua mãe. Ele "era desprezado e o mais rejeitado entre os homens; homem de dores e que sabe o que é padecer" (Is 53.3). Jesus foi insultado. "De Nazaré pode sair alguma coisa boa?" (Jo 1.46). Jesus experimentou dificuldades. "As raposas têm seus covis, e as aves do céu, ninhos; mas o Filho do Homem não tem onde reclinar a cabeça" (Lc 9.58). Jesus enfrentou perseguição. "Então, uns cuspiram-lhe no rosto e lhe davam murros, e outros o esbofeteavam" (Mt 26.67). Jesus experimentou calamidades. "[Herodes] deu ordens e decapitou a João no cárcere. [...] Jesus, ouvindo isto, retirou-se dali num barco, para um lugar deserto, à parte" (Mt 14.10, 13).

Perceba, Jesus não apenas entrou no deserto deste mundo; o deserto deste mundo entrou nele. Jesus tinha um espinho na carne — muitos espinhos perfurando sua tenra carne. E, se Jesus experimentou um espinho na carne, e nós dissemos ser nosso desejo que nossas vidas se conformem à dele, sejam unidas a ele, por que ficamos tão surpresos e até mesmo ressentidos quando sentimos a dor de um espinho em nossa carne, quando experimentamos as agonias de uma vida vivida num mundo de deserto?

As pessoas estão tão sedentas por experiências sobrenaturais — milagres de cura, visões e sonhos, uma palavra pessoalmente vinda de Deus. Eis aqui a experiência sobrenatural que Deus prometeu: o poder de Cristo descendo para repousar em você, para enchê-la, a fim de que você possa confiar nele quando lhe suceder a pior coisa que você possa imaginar, a fim de que possa estar contente — genuinamente, se não perfeitamente —, ainda que ele não preencha seu lugar desolado do modo como você desejaria. Pelo menos não por enquanto.

Contentamento no novo jardim

Perceba, é aqui que a história da Bíblia muda tudo na sua história, inclusive o vazio e o descontentamento. Vem chegando o dia em que espinhos e ervas daninhas, que são um sinal tangível do impacto da maldição sobre este mundo, uma parte sempre presente de viver no deserto deste mundo, serão coisa do passado. Paulo escreve em Romanos:

> A ardente expectativa da criação aguarda a revelação dos filhos de Deus. Pois a criação está sujeita à vaidade, não voluntariamente, mas por causa daquele que a sujeitou, na esperança de que a própria criação será redimida do cativeiro da corrupção, para a liberdade da glória dos filhos de Deus. (Rm 8.19-21)

Ao apóstolo João, foi concedida uma visão de como será o mundo quando a criação for liberta de seu cativeiro da corrupção, quando experimentar a mesma ressurreição e a mesma renovação que nossos corpos experimentarão quando Cristo retornar e nos ressuscitar de nossos túmulos com corpos aptos para viver na nova terra. No último capítulo de toda a Bíblia, que descreve o primeiro capítulo da vida no novo jardim no qual seremos recebidos, João nos diz: "Nunca mais haverá qualquer maldição" (Ap 22.3). Sem maldição. Sem espinhos que trazem dor. Sem *tohu wabohu*. A bondade e a glória de um jardim ainda melhor que o Éden se estenderão a cada recanto da terra. E a bondade de Deus encherá cada parte de sua vida. Sem desapontamento. Sem descontentamento. Todos os lugares desolados se encherão e todos os seus anseios mais profundos se realizarão.

Até que então possamos cantar:

> Guia-me, ó grande Jeová,
> Pois em terra estéril estou.
> Fraco sou, mas tu és poderoso,
> Por tua mão me dá vigor.
> Pão celeste, pão celeste,
> Quero em ti me saciar.
> Quero em ti me saciar.[5]

---

5. William Williams, *"Guide Me, O Thou Great Jehovah"*, 1745.

2

A história da *Árvore*

Uma de minhas falas de filmes preferidas é dita por Albert Brooks a William Hurt em *Nos bastidores da notícia*. O personagem de Hurt é um charmoso apresentador de jornal que acaba de conseguir um trabalho na emissora. Ele está conversando com o personagem de Brook, que é brilhante e trabalha duro, mas parece não conseguir ter sucesso. O personagem de Hurt pergunta: "O que você faz quando sua vida real supera seus sonhos?". E o personagem de Brooks replica com cobiçoso desagrado: "Você guarda para si mesmo!".[1]

---

1. Broadcast News, dirigido por James L. Brooks (Culver City, CA: Gracie Films, 1987).

Ao ver fotos da família aparentemente perfeita ou das férias idílicas de outra pessoa, nas redes sociais, qualquer um é tentado a sentir um pouco de inveja e dizer a mesma coisa. A maioria de nós sabe como é sentir, num ou noutro momento, que as pessoas à nossa volta parecem estar vivendo uma vida boa, enquanto parece que nós não conseguimos chegar lá. Nem sempre temos certeza do que é essa vida boa; apenas sentimos que a vida que estamos vivendo não é assim. A vida boa pode parecer-se com uma miragem posta diante de nós e que está sempre fora de alcance.

Então, o que é a vida boa e como a obtemos?

Cinco das pessoas de quem eu mais gosto no mundo são Eric, Ruth, Abby, Brennan e Pearl Brown. Quando Ruth estava com vinte semanas da gestação de Pearl, Pearl foi diagnosticada com holoprosencefalia alobar (HPE), uma doença neurológica que oferece poucas chances de sobrevivência. O médico encorajou Eric e Ruth a induzirem o parto e encerrarem a gestação. Mas os Brown optaram por abraçar a vida e a esperança, levando a gravidez de Pearl a termo. Eles não sabiam quanto tempo ela viveria, nem como seria a vida dela, mas agora já se passaram quase cinco anos e Pearl ainda está muito bem viva! A vida deles e de Pearl não é fácil, mas Pearl é muito amada. Com as constantes internações que têm marcado a vida de Pearl; o recente diagnóstico de que Abby tem diabetes juvenil; e os problemas estruturais na casa, além de todas as dificuldades normais da vida, a maioria das pessoas diria que os Brown não estão vivendo a vida boa. E, em seus dias honestos, eles admitem que a vida também não parece tão boa para eles. Algumas semanas atrás, Eric postou no Instagram uma foto seguida de uma mensagem que, em parte, dizia:

> Tem sido um ano difícil até aqui. Eu estaria mentindo se o descrevesse como outra coisa senão um rolo compressor. Tudo o que está fora do nosso controle (isso quer dizer, tudo) parece estar indo ao contrário do que almejamos. Aquilo que deveríamos ser capazes de agarrar apenas escapa por entre nossos dedos e, às vezes, parece fazer isso com um gracejo. E, apesar de minhas teologias mais robustas, as mentiras parecem sempre gritar mais alto e ser mais críveis nesta época do ano. [...] É constrangedor o número de vezes em que eu tive de parar durante o dia, dar um passo atrás e tentar lembrar a mim mesmo aquilo que é verdadeiro, significativo e duradouro. Muitas vezes, louvo a ideia de fraqueza, mas, quando a fraqueza se move da teoria para a prática, torna-se debilitante em vez de romântica.

Às vezes parece que a vida apenas não deveria ser tão difícil. Pode parecer que a vida boa, a vida pela qual sempre ansiamos, sempre estará fora do nosso alcance. E há um pouco de verdade nisso. Uma virada profunda ocorreu no mundo quando Adão e Eva tentaram agarrar a vida boa da maneira errada, em vez de confiar que a receberiam de Deus. Aquela virada deixou todas as coisas um pouco fora do eixo, algumas terrivelmente de ponta-cabeça. Ela nos deixou com a ânsia de que tudo seja endireitado. Ansiamos pela vida boa na qual casas não têm problemas estruturais, dinheiro nunca é problema, relacionamentos são sempre amáveis e corpos jamais são afetados pelas deformações, pela deficiência ou pela morte. Será, então, que essa vida boa está fadada a ficar sempre fora do nosso alcance?

Quando lemos, nos dois primeiros capítulos da Bíblia, sobre como as coisas foram um dia, vemos Adão e Eva vivendo juntos num ambiente perfeito. Eva tinha tudo de que precisava e tudo o que ela deveria ter desejado — um casamento sem conflito ou desapontamento e um lar decorado pelo maior de todos os designers. A vida dela tinha significado e um propósito frutífero. Ela não tinha razão alguma para se encolher ao se olhar no espelho, razão alguma para se esconder na presença de Deus. Mas ela sabia que havia mais. Por melhor que fosse a vida no jardim, ainda havia algo melhor que estava ali para pertencer a ela e a Adão, se eles obedecessem a Deus.[2] Se eles passassem no teste probatório que Deus havia posto diante deles, a vida boa que eles desfrutavam no Éden ficaria ainda melhor.[3] Eles não apenas escapariam do impacto do pecado; a possibilidade do pecado desapareceria para sempre. A vida deles mudaria de perecível para imperecível, de vulnerável à tentação para imune à tentação, de boa para ainda melhor, uma vida impossível de ser perdida.

Com efeito, essa promessa da "vida melhor do que boa", a vida gloriosa, ainda é apresentada a você e a mim. Está lá ao longo de toda a Bíblia, mas se mostra com especial clareza em seus últimos capítulos. No final da história bíblica, encontramos o símbolo dessa vida pela

---

2. "Embora a Escritura não mencione expressamente uma vida celestial a ser conferida a Adão, isso se deduz com suficiente clareza pela contraposta ameaça da morte eterna e pelo selo sacramental dessa promessa mediante a árvore da vida (cujo significado era certamente conhecido do homem). Pois, embora a descrição de Moisés seja obscura (como a maior parte das coisas concernentes àquela aliança, sobre a qual, como a sombra de uma imagem fugidia, ele lança apenas esparsos raios de luz para representar a sua evanescência), não há dúvida de que tais coisas foram reveladas mais distintamente ao primeiro homem." Francis Turretin, *Compêndio de Teologia Apologética* (São Paulo: Cultura Cristã, 2011).

3. A *Confissão de Westminster* (7.2) afirma: "O primeiro pacto feito com o homem era um pacto de obras; nesse pacto, foi a vida prometida a Adão e, nele, à sua posteridade, sob a condição de perfeita obediência pessoal". Ver Gênesis 2.17; Romanos 5.12-20; 10.5; Gálatas 3.10-12.

qual ansiamos, o mesmo símbolo que havia lá no princípio — a árvore da vida. Eis aqui a promessa do próprio Jesus: "Ao vencedor, dar-lhe-ei que se alimente da árvore da vida que se encontra no paraíso de Deus" (Ap 2.7). A árvore da vida não é simplesmente algo do passado. É uma promessa para nosso futuro.

A promessa de uma árvore no jardim do Éden

Então, o que é essa árvore? Podemos ter a expectativa de nos deliciarmos em seu fruto? Para descobrir isso, precisamos começar bem do começo. "E plantou o SENHOR Deus um jardim no Éden, na direção do Oriente, e pôs nele o homem que havia formado. Do solo fez o SENHOR Deus brotar toda sorte de árvores agradáveis à vista e boas para alimento" (Gn 2.8-9).

Um jardim repleto de árvores — não aquelas moitas feias e inúteis que o construtor arranca ao limpar o terreno, antes de construir uma casa. Aquelas eram árvores viçosas e verdejantes, belas ao olhar e cheias de frutos de sabor delicioso. Quase podemos ver o verde, sentir a sombra, provar o fruto suculento e cheirar o fragrante aroma daquelas árvores. Havia muita bondade para Adão e Eva apreciarem e desfrutarem. E, entre todas as árvores que Deus plantara, destacavam-se duas árvores em particular.

Primeiro, havia a árvore da vida, que estava bem no meio do jardim (Gn 2.9). Comer o fruto dessa árvore os teria levado a desfrutar uma qualidade de vida ainda melhor do que aquela que Adão e Eva já desfrutavam no Éden. O alimento que essa árvore oferecia os satisfaria de uma maneira mais profunda, infindável, conduzindo a uma vida ainda mais segura e gloriosa.

Não é que ela fosse uma árvore mágica ou que seu fruto tivesse algum tipo de poder inato para infundir vida. Agostinho escreveu que Adão e Eva "tinham alimento em outras árvores; nesta, contudo, tinham um sacramento".[4] Em outras palavras, comer do fruto dessa árvore seria um sinal simbólico, embora comestível, da "vida feliz a ser passada no paraíso e a ser transformada, em seguida, numa vida celestial".[5]

Aparentemente, o fruto dessa árvore ainda não havia amadurecido, ainda não era chegada sua época. A árvore situava-se bem no meio do jardim, com botões preparando-se para desabrochar, como um lembrete tangível da promessa da vida superior que os esperava se

---

4. Augustine, *The Literal Meaning of Genesis*, vol. 2, Ancient Christian Writers, trans. John Hammond Taylor (Mahwah, NJ: Paulist Press, 1982), 38.

5. Turretin, *Institutes of Elenctic Theology*, 1:581.

eles obedecessem.[6] Não nos é dito especificamente que Adão e Eva não podiam comer dessa árvore, ou que não comeram, mas, aparentemente, o comer dessa árvore era para mais tarde, o fruto dessa árvore estava reservado ao banquete que Adão e Eva comeriam uma vez que houvessem passado o teste de obediência representado pela outra árvore.[7] A presença da árvore da vida comunicava a Adão e Eva: "Há ainda mais bondade preparada para vocês. Se vocês confiarem que Deus cuidará de vocês e obedecerem à sua palavra, vocês comerão do meu fruto e desfrutarão uma vida que é ainda melhor que a vida que desfrutam agora".

---

6. Em Notes on Scripture (*Works of Jonathan Edwards*, ed. Stephen J. Stein [New Haven, CT: Yale University Press, 1998], 15:392-96), Jonathan Edwards sugere que a árvore da vida não deu frutos antes de terminar o período probatório. Meredith Kline sugere que a palavra, também em Gênesis 3.22 ("Assim, que não estenda a mão, e tome também da árvore da vida, e coma, e viva eternamente"), implica que "tomar parte da árvore da vida estava reservado a um tempo e um propósito apropriados no futuro". *Meredith Kline, Kingdom Prologue: Genesis Foundations for a Covenantal Worldview* (Eugene, OR: Wipf & Stock), 94.

7. Alguns teólogos creem que Adão e Eva vinham comendo dessa árvore desde o princípio, uma vez que Deus dissera: "De toda árvore do jardim comerás livremente" (Gn 2.16). Contudo, um aspecto da vida proporcionada por comer da árvore da vida era tornar-se imune ao pecado e à morte, e esse certamente não foi o caso de Adão e Eva. Outro fundamento para a afirmação de que Adão e Eva não comeram da árvore da vida antes da Queda se encontra em Apocalipse 2.7, segundo o qual o comer da árvore da vida será concedido "ao vencedor" ou "vitorioso", referindo-se àqueles que vencem as tentações deste mundo. Obviamente, Adão e Eva não venceram o mundo e suas tentações, o que sugere que ainda lhes havia sido dado comerem dessa árvore.

Também bem no meio do jardim, estava a árvore do conhecimento do bem e do mal (Gn 2.9). Podemos pensar que essa árvore tinha uma aparência má, que era algo torto ou que exalava uma sensação agourenta e sombria. Mas não havia nada inerentemente repulsivo ou venenoso naquela árvore em particular. O que a tornava diferente de todas as outras árvores era o que Deus havia dito acerca dela: "E o SENHOR Deus lhe deu esta ordem: De toda árvore do jardim comerás livremente, mas da árvore do conhecimento do bem e do mal não comerás; porque, no dia em que dela comeres, certamente morrerás" (Gn 2.16-17).

As alternativas eram claras — uma árvore que oferece vida e outra que ameaça de morte. Deus pretendia que Adão e Eva confiassem nele e lhe obedecessem no tocante àquela árvore, não porque eles pudessem diferenciar essa árvore proibida de todas as demais árvores, mas simplesmente porque ele, como seu Pai, lhes dissera para confiar e obedecer. "Ela não era proibida por ser má; mas era má por ser proibida".[8] Comer da árvore do conhecimento do bem e do mal não meramente capacitaria aqueles que dela comessem a compreender o bem e o mal. Comer dela era apropriar-se do direito de decidir por si mesmo o que é

---

8. Thomas Boston, *The Whole Works of the Late Reverend Thomas Boston of Ettrick*, vol. 11 (Aberdeen, UK: George and Robert King, 1852), 193.

o bem e o que é o mal, em vez de depender de Deus para definir o bem e o mal. Essa proibição era essencialmente um chamado à fé, um chamado a deixar Deus ser Deus, em vez de usurpar a autoridade dele. Enquanto a árvore da vida haveria de ser uma recompensa pela lealdade, essa árvore estava prestes a se tornar um teste de lealdade.

Testados por uma árvore no jardim do Éden

Gênesis 2.15 nos diz: "Tomou, pois, o SENHOR Deus ao homem e o colocou no jardim do Éden para o cultivar e o guardar". Em outras palavras, Adão não era simplesmente o jardineiro no jardim; ele deveria ser o protetor do jardim. Quando o comissário satânico apareceu naquela árvore de julgamento, Adão deveria ter protegido o santuário do Éden, declarando a serpente má e esmagando sua cabeça. Ele deveria ter posto um fim àquela rebelião, em vez de tomar parte nela.

A serpente era sagaz, mas não sábia. Se fosse sábia, teria permanecido longe da árvore na qual o mal se revela em sua malignidade. Em vez disso, ao rastejar até Eva no jardim, ela imediatamente focou a atenção de Eva naquela árvore de julgamento. Em vez de se manter longe da árvore proibida, Eva se aproximou para estudá-la. Ela observou que a árvore parecia boa. Ela não conseguia ver na árvore nada que parecesse perigoso ou desagradável. O fruto parecia delicioso. Aquela proibição não fazia sentido para ela. E a maioria de nós já passou por isso. Não nos incomodamos em obedecer, desde que o mandamento de Deus faça sentido para nós. Mas, quando não conseguimos enxergar o malefício, quando não vemos problema algum naquilo que Deus nos proibiu, antes vemos algo desejável, podemos facilmente nos justificar ao fazermos o que queremos fazer e ao estendermos a mão para aquilo que acreditamos ser necessário para nós.

Deus havia posto essa árvore no jardim como um *teste* que daria a Adão e Eva a oportunidade de demonstrar fé e obediência genuínas.[9] Porém, quando a serpente surgiu, tinha seu próprio conceito acerca da árvore. Ela transformou a árvore numa *tentação* e numa *armadilha*, colocando-se como uma juíza sobre a bondade, a generosidade e a integridade de Deus, ao dizer à mulher: "É assim que Deus disse: Não comereis de toda árvore do jardim?" (Gn 3.1).

Quase podemos ouvir seu tom de voz e enxergar a expressão em sua escamosa face de serpente enquanto

---

9. Francis Turretin oferece cinco razões pelas quais Deus pôs a árvore do conhecimento do bem e do mal no Éden. Ver Turretin, *Institutes of Elenctic Theology*, 1:579-90.

ela não apenas deturpava o que Deus dissera, como também difamava o caráter divino ao sugerir que Deus estava sendo injustificadamente restritivo. O que Deus havia dito era que Adão e Eva poderiam comer de toda árvore no jardim, exceto uma. Mas Eva estava aberta à sugestão da serpente de que haveria mesquinhez em Deus. Isso nos faz pensar se uma sensação de ressentimento quanto àquela única proibição já estava latente dentro dela. Imediatamente, Eva entrou no jogo da serpente, menosprezando a generosidade de Deus e exagerando aquela única proibição. "Do fruto das árvores do jardim podemos comer", disse ela, "mas do fruto da árvore que está no meio do jardim, disse Deus: Dele não comereis, nem tocareis nele, para que não morrais" (Gn 3.2-3).

Ela omitiu o "todas" da provisão de Deus e, então, acrescentou o "nem tocareis nele" à proibição. Talvez incentivada pela receptividade de Eva, a serpente falou-lhe, sem rodeios, que aquilo que Deus dissera simplesmente não era verdade. "É certo que não morrereis", disse (Gn 3.4).

A serpente não apenas disse que Deus estava mentindo a ela; sugeriu que Deus estava retendo algo dela. "Porque Deus sabe que no dia em que dele comerdes se vos abrirão os olhos e, como Deus, sereis conhecedores do bem e do mal" (Gn 3.5).

Havia alguma verdade nisso, uma meia-verdade. Se eles comessem da árvore, conheceriam o bem e o mal. O mal se tornaria uma parte deles e o bem se tornaria uma memória do passado. É claro que Adão e Eva poderiam ter obtido da árvore o conhecimento do bem e do mal, sem comer de seu fruto. Sob os galhos da árvore do conhecimento do bem e do mal, eles poderiam ter usado a sabedoria que Deus lhes dera, por sua palavra, e julgado como más as mentiras da serpente e sua rebelião contra Deus, apegando-se à bondade divina.[10] Houvessem agido assim, eles teriam podido comer sua porção da árvore da vida e entrado na vida celestial sem jamais terem de experimentar a morte. Mas, em vez de confiar no que Deus dissera sobre a árvore, Eva ouviu o que a serpente lhe disse e que era tão diferente do que Deus havia falado. E, enquanto ela ouvia, a árvore começou a lhe parecer diferente.

Ela também começou a ter uma percepção diferente de seu fruto. Fazia sentido comê-lo: ele era "bom para

---

10. "A árvore no Éden parece ter sido o lugar simbólico no qual os julgamentos deveriam ser conduzidos (assim como fóruns e tribunais são adornados com o símbolo da deusa Iustitia). O nome da árvore da qual Adão não deveria comer — 'a árvore do conhecimento do bem e do mal' — é sugestivo de seu papel magistral. 'Discernir entre o bem e o mal' é uma expressão hebraica que se refere a reis ou outras figuras de autoridade e sua capacidade de fazer julgamentos na execução da justiça." Greg Beale, *Teologia bíblica do Novo Testamento: A continuidade teológica do Antigo Testamento no Novo* (São Paulo: Vida Nova, 2018).

se comer". Ele apelava aos seus sentidos: era "agradável aos olhos". Também apelava à sua percepção de si: era "árvore desejável para dar entendimento" (Gn 3.6). Quem não desejaria ser sábio? As palavras da serpente estavam se tornando mais críveis para ela do que a palavra de Deus, na medida em que ela começava a pensar sobre uma sabedoria que teria ao afrontar Deus, em vez de obedecer a ele.

A serpente foi bem-sucedida em sua missão de enganar Eva a fim de que ela não mais visse a árvore como a fonte de uma morte certa, mas, em vez disso, como a fonte de uma vida feliz. Ela "tomou do fruto e o comeu. Depois, deu ao marido, que estava com ela, e ele também comeu" (Gn 3.6, NVT). Eva estava em busca da vida boa e, em vez de esperar para recebê-la do único que poderia de fato provê-la, ela estendeu a mão para agarrá-la por conta própria. Ou melhor, foi isso que ela pensou.

Parecia tão simples, tão natural, quando, na verdade, foi enormemente desastroso. O pecado é sempre imprudente e tolo. Ele nunca faz sentido à luz do dia. Ele sempre subtrai de nossa vida em vez de lhe acrescentar. Ele destrói em vez de criar. Como gostaríamos que Eva tivesse sido capaz de ver claramente que, naquela mordida, ela estava trocando bênção por maldição, verdade por mentira, vida por morte, ter Deus como seu soberano pela escravidão a Satanás. Que péssimo negócio!

Porém, é claro, nós fazemos o mesmo tipo de negócio. Em vez de confiarmos que Deus nos dará a vida que nos satisfará verdadeiramente, escolhemos agarrar a vida que achamos que nos fará felizes, apenas para sentirmos o fruto proibido tornar-se amargo em nosso estômago. Não é apenas porque Adão e Eva comeram daquela árvore que eu e você não temos a vida pela qual ansiamos. É porque nos colocamos no lugar de Deus, determinando para nós mesmas o que é bom e o que é mau. Guardamos rancor de outras pessoas, considerando-nos suficientes para determinar quem merece e quem não merece perdão. Pensamos que nossa frieza é dar-lhes o que elas merecem, quando, na verdade, nosso ressentimento rouba-nos a vida. Dormimos com alguém que não é nosso marido, pensando que essa é a intimidade pela qual ansiamos, apenas para descobrirmos que a intimidade ilícita não é capaz de satisfazer sem a segurança do compromisso permanente que Deus prescreveu. A intensidade dos prazeres efêmeros é superada pela intensidade da vergonha e do remorso permanentes. Somos consumidos pela ansiedade sobre aquilo que está ou não está acontecendo em nossa vida e na vida de quem amamos, porque não temos certeza se Deus está fazendo a coisa certa no tempo certo. De todas essas maneiras e de tantas outras, colocamo-nos no lugar de Deus, determinando para nós mesmas o que consideramos ser bom e mau.

Banidos da árvore no jardim do Éden

Depois de comerem da árvore, Adão e Eva se lembraram de que Deus havia dito: "No dia em que dela comeres, certamente morrerás". Aquele dia havia chegado. Eles não morreram fisicamente, ao menos não de imediato (embora, um dia, eles fossem para túmulos terrenos). De fato, porém, eles morreram espiritualmente.[11] Eles saíram de uma vida marcada por bênção, franqueza e intimidade para uma vida marcada por maldição, vergonha, alienação e morte.

> Então, disse o SENHOR Deus: Eis que o homem se tornou como um de nós, conhecedor do bem e do mal; assim, que não estenda a mão, e tome também da árvore da vida, e coma, e viva eternamente. O SENHOR Deus, por isso, o lançou fora do jardim do Éden, a fim de lavrar a terra de que fora tomado. E, expulso o homem, colocou

---

11. "Espiritualmente, nossos primeiros pais morreram no dia em que pecaram. Seu pecado constituía sua morte; eles se alienaram de Deus e a mente deles se tornou inimiga de Deus. Judicialmente, eles também morreram no dia em que pecaram; tornaram-se sujeitos à maldição. Pode-se dizer que a morte psicofísica recaiu sobre eles no dia em que pecaram, pois a mortalidade se tornou a sua sina." John Murray, *Collected Writings*, 4 vols. (Edinburgh: Banner of Truth, 1977), 2:56.

querubins ao oriente do jardim do Éden e o refulgir de uma espada que se revolvia, para guardar o caminho da árvore da vida. (Gn 3.22-24)

O caminho para a árvore da vida estava fechado, protegido por dois anjos com espadas — esperando pelo descendente da mulher, a vinda do segundo Adão, aquele que passaria pela espada flamejante do julgamento de Deus e, assim, reabriria o caminho para a árvore da vida.

Pelos séculos que se seguiram, o povo de Deus se lembrava do que fora perdido enquanto esperava o caminho para a árvore da vida se reabrir. Eles receberam um sinal desse caminho quando Moisés se pôs diante deles ao se prepararem para entrar na terra que Deus lhes havia prometido, a qual, de muitas maneiras, soava como um novo Éden. Assim como Adão e Eva encararam uma escolha de vida ou morte, uma escolha entre bênção e maldição no jardim, também Israel encarou uma escolha de vida ou de morte, de benção ou de maldição em Canaã. Moises disse: "Os céus e a terra tomo, hoje, por testemunhas contra ti, que te propus a vida e a morte, a bênção e a maldição; escolhe, pois, a vida, para que vivas, tu e a tua descendência" (Dt 30.19).

Ao lado desse encorajamento, Israel também recebeu uma imagem que se tornaria parte de sua vida cotidiana para ajudá-lo a ver como o povo de Deus, um dia, faria seu caminho de volta à árvore da vida. Deus deu a Israel o tabernáculo e os sacerdotes para representarem o povo na presença de Deus. Quando o sumo sacerdote entrava no santo lugar do tabernáculo, ao se colocar diante do candelabro, ele era lembrado da plenitude de vida que fora perdida na Queda. O candelabro era desenhado para se parecer com uma árvore — uma amendoeira com botões, flores de amêndoas e frutos, um reflexo da árvore da vida.

Deus também deu ao seu povo cânticos para que lhe fossem cantados. Quando o povo de Deus cantava o Salmo 1, sobre o homem que é "como árvore plantada junto a corrente de águas, que, no devido tempo, dá o seu fruto, e cuja folhagem não murcha" (v. 3), certamente seus pensamentos voltavam-se à árvore da vida no jardim, assim como entoar aquele cântico implantava nele um anelo por ter aquele tipo de vida.

Quando Salomão escreveu em Provérbios acerca do indivíduo que encontra a sabedoria, personificou a sabedoria como tendo uma vida longa em sua mão direita e, "na sua esquerda, riquezas e honra. [...] É árvore de vida para os que a alcançam, e felizes são todos os que a retêm" (Pv 3.16, 18). Parece que Salomão estava lembrando ao povo de Deus que ainda havia um caminho para tomar posse do fruto dessa árvore e, assim, desfrutar a vida e a bênção que ela proporciona.

Os profetas também expressaram um desejo pelo acesso a essa árvore que traria vida e saúde a um povo adoecido pelo pecado. Um profeta em particular, Jeremias, descreveu seu anelo por seu povo em termos de uma árvore que crescia apenas em Gileade, uma região além do rio Jordão. A resina dessa árvore, conhecida por suas propriedades medicinais, era usada para fazer um bálsamo que limpava, aliviava e curava. Uma vez que a árvore crescia apenas em Gileade, o bálsamo produzido a partir dela era caro e precioso. Em outro lugar, Isaías escreveu que os filhos de Israel estavam "machucados da cabeça aos pés, cheios de contusões, vergões e feridas abertas, e não há ataduras nem óleo para dar alívio" (Is 1.6, NVT). É claro que ele não estava falando sobre feridas físicas, mas sobre feridas espirituais, chagas que eles haviam feito em si mesmos por seus pecados. Jeremias não queria aceitar que não havia uma cura disponível:

> Estou quebrantado pela ferida da filha do meu povo; estou de luto; o espanto se apoderou de mim. Acaso, não há bálsamo em Gileade? Ou não há lá médico? Por que, pois, não se realizou a cura da filha do meu povo? (Jr 8.21-22)

Ao perguntar: "Não há bálsamo em Gileade?", Jeremias estava expressando seu anelo pela vida e a cura que Deus havia prometido prover ao seu povo. Porém, é claro, essa vida e essa cura não viriam de uma árvore em Gileade, mas, sim, de um madeiro no Gólgota.[12]

Testado por um madeiro no jardim do Getsêmani

Adão e Eva foram testados em relação a uma árvore num jardim radiante e ensolarado, onde todas as suas necessidades estavam supridas. Mas Jesus, o segundo Adão, foi testado em um madeiro, na escuridão do jardim do Getsêmani. Nada nessa "árvore" de julgamento era desejável. Ele não queria comer dela se houvesse qualquer outro caminho. Contudo, era o fruto dessa árvore que seu Pai queria que ele comesse.

O apóstolo Pedro nos diz: "Carregando ele mesmo em seu corpo, sobre o madeiro, os nossos pecados" (1Pe 2.24). Quando Paulo descreveu a crucificação, ele disse: "Tirando-o do madeiro, puseram-no em um

---

12. No original, "uma árvore no Gólgota". Em inglês, assim como nas línguas bíblicas, a mesma palavra para "árvore" pode ser usada para referir-se a instrumentos feitos de madeira, como a cruz na qual Cristo foi pendurado. As traduções da Bíblia em português geralmente usam "madeiro" para fazer referência à cruz. (N.T.)

túmulo" (At 13.29). Por que Pedro e Paulo chamam a cruz de madeiro?

Os israelitas dos dias de Pedro e Paulo estavam familiarizados com Deuteronômio 21.22-23, que diz: "Se alguém houver pecado, passível da pena de morte, e tiver sido morto, e o pendurares num madeiro, o seu cadáver não permanecerá no madeiro durante a noite, mas, certamente, o enterrarás no mesmo dia; porquanto o que for pendurado no madeiro é maldito de Deus". Pendurar o corpo de um criminoso num madeiro era um sinal público de que, havendo sofrido a punição do povo, agora o criminoso estava sob a maldição de Deus.

É por isso que Pedro e Paulo se referem à cruz como o madeiro. Quando Jesus foi crucificado pelas mãos de homens ímpios, ele não era apenas a vítima de um erro judiciário humano; Jesus estava sob a maldição de Deus. "Ao Senhor agradou moê-lo, fazendo-o enfermar" (Is 53.10). Naquele dia, o pecado humano, que começara numa árvore no Éden, foi tratado em outra árvore, o madeiro do Calvário.

E eis aqui o que precisamos compreender sobre esse madeiro: eu mereço ser pendurada nele. Você merece ser pendurada nele. Mas as boas notícias do evangelho são que "Deus tornou pecado por nós aquele que não tinha pecado, para que nele nos tornássemos justiça de Deus" (2Co 5.21, NVI). Nesse madeiro, Cristo absorveu em si mesmo a medida plena da ira de Deus, para que você e eu possamos experimentar a medida plena da bênção de Deus. Essa "árvore" de julgamento se tornou uma árvore de vida para nós. Oh, como bendizemos aquela cruz maldita! Quando ficamos debaixo dessa árvore e tomamos posse de seu fruto, ela muda tudo na história de nossa vida.

Curados por uma árvore num jardim melhor que o Éden

Porque Jesus foi pendurado no maldito madeiro em nosso lugar, todos os que vencem a tentação de compreender a vida em qualquer outro lugar, senão nele, podem estar certos de que há outra árvore em nosso futuro. Lemos a esse respeito no último capítulo da Bíblia, em Apocalipse 22, no qual João escreve:

> Então, me mostrou o rio da água da vida, brilhante como cristal, que sai do trono de Deus e do Cordeiro. No meio da sua praça, de uma e outra margem do rio, está a árvore da vida, que produz doze frutos, dando o seu fruto de mês em mês, e as folhas da árvore são para a cura dos povos. Nunca mais haverá qualquer maldição. Nela, estará o trono de Deus e do Cordeiro. Os seus servos o servirão [...] (Ap 22.1-3)

A cena descrita por João traz à mente aspectos essenciais do Éden: a árvore da vida e o rio da vida, o qual, segundo Gênesis 2.10, fluía do Éden. Nesse novo Éden, todos aqueles cujo pecado foi tratado no madeiro do Calvário não apenas bebem livremente do rio da vida; eles comem livremente da árvore da vida. Ao examinarmos de perto, não podemos deixar de reconhecer que essa árvore que dá vida, sacia a fome e traz cura não é outro senão o próprio Cristo.[13] "A vida estava nele", escreveu João (Jo 1.4). E, num sentido, essa era a intenção de Jesus durante seu ministério terreno, ao dizer:

---

13. "Esta é a verdade e o mistério ocultos neste antigo tipo: a árvore da vida — não a terrena, mas a celestial; não a material e irracional (alogos), mas a mística e racional; não apenas o significado e o selo da vida, mas o seu doador. 'A vida estava nele' (Jo 1.4, i.e., a fonte e a causa de toda a vida). [...] Verdadeiramente, ele é a única árvore, pois ninguém exceto Cristo é o autor da vida eterna (assim como não há salvação em nenhum outro, At 4.12). ninguém, exceto Cristo, está no meio do paraíso (Ap 2.7) e da praça da cidade (Ap 22.2). Cristo está no meio da igreja (como o lugar mais honroso e apropriado) para estar perto de todos e difundir seu poder vivificador entre todos; para ser visto por todos, como o centro para o qual devem convergir todas as linhas da fé e do amor, encontrando-se nele. A árvore frutífera (Ap 2.7), que produz o fruto mais doce e delicioso para o sustento dos crentes (Ct 2.3), produz doze espécies de frutos (Ap 22.2), i.e., os mais ricos e abundantes, suficientes para as doze tribos de Israel (i.e., para todos os membros da igreja, a qual de sua plenitude extrai todos os dons que lhe são necessários). Ela produz frutos todo mês (i.e., perpetuamente), pois o poder e a eficácia da justiça e do espírito de Cristo são perpétuos e constantes para a consolação e a santificação dos crentes. Suas folhas (que jamais murcham e são sempre verdes) servem para a cura das nações, por terem a virtude não apenas do alimento (nutrir nossa alma), mas também do medicamento (capazes de curar todas as nossas doenças, Is 53.5; Mt 11.28). *Turretin, Institutes of Elenctic Theology*, 1:582.

"Em verdade, em verdade vos digo: se não comerdes a carne do Filho do Homem e não beberdes o seu sangue, não tendes vida em vós mesmos. Quem comer a minha carne e beber o meu sangue tem a vida eterna, e eu o ressuscitarei no último dia" (Jo 6.53-54).

Jesus estava dizendo que devemos nos alimentar de sua morte expiatória, que é a nossa vida. Precisamos ver que estamos separados dele, amaldiçoados para sempre e destinados à morte eterna, a menos que sejamos unidos a ele em sua morte naquele madeiro. Tomar e comer o que fora proibido por Deus trouxe juízo sobre Adão e Eva, mas tomar e comer a provisão que Deus faz em Cristo conduzem à salvação de todos aqueles que se banquetearão no fruto da cruz de Cristo.

Apocalipse 22 revela que a árvore da vida está gloriosamente plantada no centro do jardim ainda melhor que está por vir, o qual será mais belo, mais abundante e mais satisfatório que o jardim do Éden. No Éden, as árvores davam fruto em sua época, o que significa uma vez por ano. Mas, no novo e superior Éden, a árvore da vida produz uma nova safra de fruto a cada mês. No Éden, a árvore da vida crescia no meio jardim. Mas, no novo Éden, a árvore da vida cresce de uma e outra margem do rio. Parece que ela se multiplicou e expandiu, o que significa que todos terão acesso a ela; todos serão convidados a comer suas porções.

E não é apenas o fruto que vai nos alimentar; as folhas dessa árvore vão nos curar. Em verdade, elas curarão todas as coisas. Todas as cicatrizes deixadas pelo pecado serão curadas. Todas as feridas causadas por palavras ásperas, a infecção de atitudes cínicas, os cancros do racismo — tudo será curado. Todas as cicatrizes emocionais deixadas pelo abuso, a dilaceração relacional causada pelo divórcio, as dissensões sociais causadas pelo orgulho, a corrupção governamental causada pela cobiça — tudo será curado.

E, quando essa cura tiver ocorrido, levando consigo todo o pecado que conduziu à doença, nada jamais voltará a ameaçar, reduzir ou perturbar nosso desfrute da vida. Teremos a vida pela qual Eva ansiou e a qual ela tolamente pensou que poderia obter à força. Nós a teremos, não à força, à parte de confiar que a receberemos de Deus, mas agarrando-nos a Cristo, nesta vida, confiando que a vida pela qual anelamos vem somente por meio dele.

Você realmente crê que a vida boa vem somente por meio dele? Paulo cria. Ele disse: "Porquanto, para mim, o viver é Cristo, e o morrer é lucro" (Fp 1.21). O viver não é casar-se nem ter um casamento satisfatório. O viver é Cristo. O viver não é ter filhos nem criar filhos saudáveis, bem-sucedidos ou mesmo piedosos. O viver é Cristo. O viver não é ter um corpo de certo tamanho, forma ou com certa medida de saúde, tampouco ter uma casa em determinado bairro nem um emprego ou status específico. O viver é Cristo. E a maioria de nós precisa ser convencida disso hoje, e convencida de novo amanhã, pois estamos tão completamente imersas neste mundo que nos diz o contrário. Esse convencimento renovado ocorre agora, quando começamos a comer da árvore da vida, alimentando-nos de Cristo e de sua Palavra hoje, amanhã e, novamente, no dia seguinte.

Recentemente, meu amigo Eric Brown postou uma foto de sua esposa, Ruth, lendo um livro para seus três filhos, espremidos na cama de Pearl no hospital, juntamente com esta mensagem:

> Foi durante um sofisticado café da manhã com um caro amigo nesta manhã. [...] Eu estava lhe contando sobre uma ótima refeição que fizemos em nossa última viagem; o *chef* continuava a trazer um prato atrás do outro para que eu e Ruth experimentássemos; e, cada vez que o garçom trazia um novo prato, ele mencionava que era com os cumprimentos do *chef*. [...] Meu amigo me interrompeu bem no meio da história e falou cuidadosamente: "'Cumprimentos do *chef*?! Você percebe que assim é toda a sua história de vida, não é? Da minha perspectiva — vendo de fora, como num sobrevoo a nove mil metros de

altura —, cada pedacinho destes últimos anos tem sido apenas 'cumprimentos do *chef*'. Você enxerga isso?" E é verdade, o Senhor tem sido duplamente bom para minha família. Repetidas vezes, de maneiras que eu raramente paro para considerar, ele nos traz um prato atrás do outro, todos "com os cumprimentos do *chef*". Não é apenas Pearl. Ou Vandy. Ou esta casa, esta carreira, estes amigos. Tudo isso está incluso, mas não são primariamente tais coisas. É a alegria que sempre insiste em nos invadir. É a paz que vem dele, quando a confiança que vem dele incita a esperança que vem dele a conhecer a força que vem dele.

Eu não sei por quanto tempo Pearl continuará a segurar esta vida que lhe foi concedida por aquele que dá vida. Mas eu sei, de fato, que Eric, Ruth, Abby, Brennan e Pearl construíram seu lar debaixo da árvore da vida. E eles não estão esperando pela próxima vida para experimentar a cura de suas folhas. Eles estão vivendo a vida boa agora, enquanto se alimentam de Cristo. Não é a vida que eles esperavam, provavelmente não é a vida que escolheriam, mas é boa, ou, como Eric escreveu, "duplamente boa". É boa agora, por causa da alegria, paz e graça que pertencem a eles em Cristo, na medida em que seu poder de cura opera na vida deles e na perspectiva que eles têm desta vida. E é boa por causa da cura ainda mais plena que eles sabem que está por vir. Cura perfeita. Cura abrangente. Cura permanente. Curados e plenos para sempre. A vida pela qual todos anelamos.

> No Calvário se ergueu uma cruz contra o céu,
> Como emblema de afronta e de dor.
> Mas eu amo essa cruz: foi ali que Jesus
> Deu a vida por mim, pecador.
>
> Sim, eu sempre amarei essa cruz!
> Seu triunfo meu gozo será,
> Pois um dia, em lugar de uma cruz,
> A coroa Jesus me dará!
>
> Eu aqui, com Jesus, a vergonha da cruz
> Quero sempre levar e sofrer.
> Quando Cristo voltar para aqui me buscar,
> Sua glória eu irei receber.
>
> Sim, eu sempre amarei essa cruz!
> Seu triunfo meu gozo será,
> Pois um dia, em lugar de uma cruz,
> A coroa Jesus me dará![14]

---

14. George Bennard, "*A Mensagem da Cruz*", Hinário Salmos e Hinos nº 110.

Durante o processo de edição deste livro, Pearl Joy Brown entrou no gozo de seu Senhor. Tive o privilégio de falar no funeral dela, dizendo: "O que traz o mais profundo conforto ao nosso coração enlutado não é apenas que Pearl está num lugar melhor agora; é que está chegando o dia em que Cristo vai retornar. A alma de Pearl estará com ele. Ele chamará o corpo de Pearl para fora do túmulo. Ela será plenamente Pearl, mas terá uma glória radiante que não tinha antes. A alma dela será reunida ao seu corpo, um corpo glorificado e adequado para viver para sempre com Cristo numa nova terra gloriosa".

3

A história da
Imagem de Deus

Em nossos dias, se quisermos dizer a alguém quem somos, temos de ser capazes de nos definir em 160 caracteres ou menos. Isso é tudo o que você tem para falar sobre quem você é no seu perfil do Twitter. Para o perfil do Instagram, você tem apenas 150 caracteres. Desse modo, como uma pessoa expressa o que está no cerne de quem ela é em 150 ou até 160 caracteres?

Algumas pessoas — até pessoas mortas ou pessoas inventadas — encontram maneiras interessantes de fazer isso. Albert Einstein tem uma conta no Twitter ou, mais precisamente, alguém inventou um perfil do Twitter para ele.[1] De modo previsível, seu nome de usuário é @emc2, e ele se apresenta assim: "Ex-gênio, agora ícone ao estilo *cartoon* representando a palavra 'esperto' em postes e anúncios de carros usados". Há também uma conta do Twitter sob o nome de Darth Vader. Ele usa o nome de usuário @darkside. Ele se apresenta à Twittersfera assim: "Administrador da comunidade do Lord Sith, mas os tuítes são de minha responsabilidade. Asmático. Pai de dois travessos jedis". O site dele? *WhoIsYourDaddy.com*. Talvez minha conta preferida no Twitter seja a de nome "Leão Covarde", que diz sobre si: "Ex-rei da floresta, agora *coach* de vida pessoal e autor de *A armadilha da coragem*. Ajuda para você descobrir seu Leão™ interior. Curte: Papoulas, Bruxas Boas, Totó. Não curte: Macacos Voadores, Vassouras".

E quanto a você? Ao se apresentar, pessoalmente ou na internet, o que você diz acerca de quem você é e do que faz? O que sua apresentação diz sobre como você se vê, sobre onde encontra a fonte de sua identidade?

Todas nós lutamos com nosso senso de identidade, não é? (Ou será que sou só eu?) Tenho uma amiga de cinquenta e poucos anos que está numa espécie de crise de identidade, tentando descobrir quem ela quer

---

1. Esses bem-humorados perfis do Twitter, criados por Mark Shaefer, são apresentados em várias postagens de blog em https://www.businessesgrow.com. Citados com permissão.

ser e o que quer fazer quando crescer. Ela é uma das pessoas mais fascinantes que conheço — uma mulher piedosa, radiante, bela e engraçada. Ela também realizou muitas coisas, na maneira como se dedicou aos seus filhos e aos amigos deles, no modo como se dedicou a pessoas ao seu redor nos momentos de necessidade e no modo como ela se dedicou — sua credibilidade, sua paixão e muito do seu dinheiro — a uma causa específica, tudo por amor a Cristo. Mas como você coloca esse tipo de coisa num currículo ou na descrição pessoal que segue seu nome num website? Esse é o tipo de coisa que pode facilmente nos deixar sentindo como se não fôssemos ninguém. Oh, e como ansiamos por ser alguém!

Também tenho amigas com muitos diplomas e realizações para incluir junto ao seu nome, mas que também lutam com seu senso de identidade, com o que vem a definir sua percepção de si. Às vezes, não percebemos quanto nos definimos a partir de certos relacionamentos ou papéis, até que tais coisas sejam tiradas de nós e nos encontremos numa total crise de identidade.

Assim, como devemos nos enxergar? E como encontrar uma sólida fonte de identidade pode nos proteger de nos debatermos com uma autopercepção frágil ou distorcida?

Feitos à imagem de Deus

No primeiro capítulo do primeiro livro da Bíblia, encontramos a pedra fundamental sobre a qual devemos construir nossa autopercepção. Encontra-se em Gênesis 1.26: "Também disse Deus: Façamos o homem à nossa imagem, conforme a nossa semelhança". Estamos percorrendo a leitura de Gênesis 1, em que o narrador está nos falando sobre todas as coisas que Deus trouxe à existência por sua palavra e as chamou "boas", e, então, a linguagem muda. Não é "Haja homem", mas, sim, "Façamos o homem". Ele não está simplesmente falando para que o homem venha à existência; toda a Divindade está se envolvendo mais pessoalmente. Todos os animais foram feitos "segundo a sua espécie", mas essa criação em particular (o homem) há de ser feita segundo a espécie de Deus. Evidentemente, Deus estava decidido a formar uma criatura tão parecida com ele quanto uma criatura pode ser. Ele estava decidido a ter um filho que se parecesse com ele — com efeito, um povo que partilhasse de sua semelhança (o que, por sinal, ainda é seu propósito, o qual jamais será frustrado).

Porém, em que sentido essa criatura era à sua imagem? Poderíamos responder de várias maneiras. Algumas delas vêm de outros lugares da Bíblia que refletem sobre a criação do homem. Por exemplo, em Efésios 4.24, Paulo descreve o ser recriado à semelhança de Deus "em justiça e retidão procedentes da verdade". Isso nos diz que há um aspecto ético ou moral em ser feito à imagem de Deus. Ser imagem de Deus é fazer o que Deus faria; e Deus sempre faz o que é certo. Paulo também fala sobre ser "[revestido] do novo homem que se refaz para o pleno conhecimento, segundo a imagem daquele que o criou" (Cl 3.10). Assim, há um aspecto racional em ser feito à imagem de Deus. Ser imagem de Deus é conhecer o que é verdadeiro e pensar como Deus pensa.

O salmista também nos dá alguma percepção sobre o que significa ser feito à imagem de Deus, ao escrever sobre a humanidade:

> Fizeste-o, no entanto, por um pouco, menor do que Deus e de glória e de honra o coroaste.
> Deste-lhe domínio sobre as obras da tua mão
> e sob seus pés tudo lhe puseste [...]. (Sl 8.5-6)

O homem é coroado "de glória e de honra". Ser à imagem de Deus é ser um filho ou filha da realeza. Adão deveria ser um representante real do grande Rei, governando e exercendo domínio no santo reino de Deus.

Se voltarmos a Gênesis 1, vemos a mesma coisa que é expressa no Salmo 8: parece que essa tarefa de exercer domínio flui do ser feito à imagem de Deus. Nós lemos:

> Também disse Deus: Façamos o homem à nossa imagem, conforme a nossa semelhança; *tenha ele domínio* sobre os peixes do mar, sobre as aves dos céus, sobre os animais domésticos, sobre toda a terra e sobre todos os répteis que rastejam pela terra. (Gn 1.26)

Imagem e semelhança parecem estar conectadas a exercer domínio, e domínio sobre algo específico. O homem feito à imagem de Deus deve governar sobre os peixes do mar, sobre as aves do céu e sobre toda criatura que rasteja pela terra. (Hum, suponho que é melhor Adão ficar de olho nas criaturas rastejantes. E é melhor ele estar pronto para exercer domínio sobre aquela criatura rastejante, em vez de permitir que ela tenha domínio sobre ele.)

Assim, de que forma o ser feito à imagem de Deus impactava Adão em sua percepção de si? Se você ou eu encontrássemos Adão no jardim do Éden e ele apertasse nossa mão e se apresentasse a nós, talvez dissesse algo assim:

> Oi, meu nome é Adão, que significa "solo" e lhe diz também de onde eu vim. Deus, o grande Rei, me formou do pó que ele tomou do solo. Então, ele soprou em mim seu fôlego divino e eu me tornei um ser vivente. Imagine Deus tomando

algo tão ordinário quanto o pó e, então, infundindo aquilo com sua própria vida gloriosa! Deus, que é Rei sobre tudo, me fez seu representante real neste santo reino. Sou seu vice-regente no reino do Éden. Mas você também poderia dizer que eu sou o sacerdote no templo do Éden. Trabalho aqui no Éden como guardião e jardineiro. Se qualquer coisa má ou impura adentrar o Éden, é meu trabalho matá-la. E, se qualquer rebelião se erguer neste jardim, é meu trabalho subjugá-la. Meu trabalho é exercer domínio em nome de Deus, o que significa que eu devo governar assim como ele governa. Ele trouxe ordem à sua criação informe; e eu devo continuar a trazer ordem a este jardim, assim como expandir tal ordem para o deserto fora do jardim. Ele deu nome à noite e ao dia, à terra e aos mares; e é meu trabalho dar nome aos animais domésticos, às aves e aos animais selváticos. (Estou apenas percorrendo o alfabeto e, a esta altura, já cheguei ao babuíno, ao bacurau e ao beemote.)

Sei o que você está pensando: vou ter de me multiplicar para dar conta de todo esse trabalho. Bem, isso é parte do que eu tenho de fazer também. Deus me deu uma auxiliadora para tudo isso — a mulher. Ela também foi feita à imagem de Deus, o que significa que ela também é da realeza. Juntos, seremos fecundos e nos multiplicaremos. Encheremos este jardim com uma descendência que há de nascer parecida conosco, mas, muito mais importante, à imagem do próprio Deus. Juntos, vamos cultivar este jardim para que ele se torne cada vez maior e mais belo, até que, um dia, cubra toda a terra. Inventaremos receitas para fazer comidas deliciosas com esses frutos e criaremos ferramentas para trabalhar nesta terra (a qual, preciso dizer, tem sido muito responsiva até agora). Juntos, exerceremos domínio.

E, só para você saber, embora eu tenha sido feito à imagem e à semelhança de Deus, há uma semelhança ainda mais gloriosa, permanente e imutável que há de ser minha, a depender de como eu lidar com tudo o que me foi dado para fazer. Então, caso você me veja de novo no futuro, é bem possível que tenha alguma dificuldade de me reconhecer, ou até mesmo de olhar para mim, pois eu serei ainda mais radiante com a glória de Deus.

Que introdução! Que identidade! Que senso de propósito e potencial! Oh, como gostaríamos de que ele houvesse cumprido esse propósito e esse potencial!

Sua gloriosa imagem manchada

Chegou o dia em que certa criatura rastejante serpenteou pelo jardim, e Adão e Eva falharam em matá-la. A palavra de Deus foi distorcida e rejeitada, e Adão falhou em corrigir aquilo. A rebelião se ergueu em seu coração, e Adão falhou em subjugá-la. Uma justa sentença deveria ter sido proferida na árvore, e Adão falhou em proferi-la. Em vez de exercer domínio sobre a serpente, Adão e Eva permitiram que a serpente os dominasse.

Adão e Eva, que haviam sido criados para dominar a criação, tornaram-se escravos do pecado. Eles deixaram de ser coroados de glória e de honra, e ficaram nus e envergonhados.[2] A imagem de Deus neles — a imagem de justiça, santidade e conhecimento — foi manchada de tal modo que eles se tornaram corrompidos, imundos e tolos. Eles ainda carregavam a imagem de Deus, mas tal imagem tornara-se distorcida.[3]

Se encontrássemos Adão enquanto ele e Eva rumavam para o leste do Éden, depois de serem expulsos do jardim, talvez ele se apresentasse a nós do seguinte modo:

---

2. Gênesis 2.25, de fato, afirma que Adão e Eva estavam nus antes de pecar. O próximo capítulo abordará com mais detalhes o significado dessa afirmação.

3. Veja Anthony A. Hoekema, *Criados à imagem de Deus*, 3ª ed. (São Paulo: Cultura Cristã, 2018).

Olá, eu sou Adão e esta é Eva, minha esposa. Viemos do Éden, um lugar glorioso, abundante e santo no qual deveríamos viver e nos deleitar naquele que nos fez e que descia para andar conosco. Lá tínhamos tudo de que precisávamos para cumprir a tarefa que estava no cerne de quem nós fomos feitos para ser. Mas nós falhamos. Ouvimos uma criatura rastejante, em vez do Criador. Eu deveria ter esmagado a cabeça dela, em vez de deixar que suas ideias malucas enchessem minha cabeça. Deveria ter condenado sua rebelião maligna, em vez de me tornar maligno por minha própria rebelião. Deveria ter protegido minha esposa e afirmado o que Deus havia dito, em vez de me juntar à minha esposa na rejeição do que Deus havia dito.

Ainda sou um jardineiro, mas, por causa do impacto do meu pecado sobre toda a criação, o trabalho que costumava me satisfazer agora me frustra. E ainda sou um marido, mas estou experimentando muitas frustrações e até mesmo alguma decepção naquela área também. Ainda seremos fecundos e nos multiplicaremos, mas haverá dor ao lado da alegria da paternidade. E ainda viveremos, mas não viveremos para sempre, como poderia ter sido. Um dia, eu morrerei, meu corpo será posto no solo e eu voltarei ao pó — um final bastante inglório para alguém criado para ser glorioso, não acha?

Gostaria de acrescentar algo, contudo: nós temos esperança. Eu escutei Deus dizendo àquela serpente maligna que, um dia, nascerá de mim e de Eva um filho que esmagará a cabeça da serpente. Claramente, ele será o filho da realeza que eu não fui e obedecerá a Deus como eu não obedeci.

Sua inglória imagem reproduzida

Gênesis 5.3 nos diz: "Viveu Adão cento e trinta anos, e gerou um filho *à sua semelhança*, conforme a sua imagem, e lhe chamou Sete". Sete nasceu como um filho de Adão, com uma natureza semelhante à de Adão. Desse modo, Adão e Eva encheram a terra com uma descendência que refletia uma imagem manchada e distorcida de Deus.

A próxima vez que alguém na Bíblia é chamado de filho de Deus aparece em Êxodo. Mas esse "filho" não era uma pessoa; era uma nação. Deus ordena a Moisés que diga a Faraó: "Assim diz o Senhor: Israel é meu filho, meu primogênito. Digo-te, pois: deixa ir *meu filho*, para que me sirva" (Êx 4.22-23). Moisés guiou esse "filho", a nação de Israel, para fora do Egito e além do mar

Vermelho, onde eles acamparam ao pé do monte Sinai. Deus desceu sobre o monte Sinai e, por seu mediador, Moisés, falou ao seu povo, incutindo neles um senso de quem eles eram e o que deveriam ou não deveriam fazer. Soou assim:

> Tendes visto o que fiz aos egípcios, como vos levei sobre asas de águia e vos cheguei a mim. Agora, pois, se diligentemente ouvirdes a minha voz e guardardes a minha aliança, então sereis a minha propriedade peculiar dentre todos os povos; porque toda a terra é minha; vós me sereis reino de sacerdotes e nação santa. São estas as palavras que falarás aos filhos de Israel. (Êx 19.4-6)

Se você encontrasse uma daquelas israelitas acampadas ao pé daquele monte, ela poderia ter dito algo como:

> Oi. Eu sou Eliseba, filha de Aminadabe e irmã de Naassom, a esposa de Arão, que é irmão de Moisés e, em breve, se tornará o sumo sacerdote. E estou tendo uma espécie de crise de identidade. Até esta altura da minha vida, tenho sido escrava. Isso era tudo que eu sabia. Eu certamente ouvira falar de Javé, que fez tantas promessas ao nosso antepassado Abraão, mas, honestamente, após

quatrocentos anos de escravidão e silêncio, eu não sabia sequer se Javé estava vendo o que acontecia conosco, ou se ele ouvia nossos clamores, ou se ele se importava. Mas, então, ele enviou Moisés de volta ao Egito para nos tirar de lá; e agora Javé está aqui no deserto *conosco*. Durante os dias quentes, ele nos cobre numa nuvem gloriosa e, à noite, com um pilar de fogo. Ele nos disse que nós haveremos de ser um reino de sacerdotes — que vamos representá-lo para todas as nações da terra. Ele disse que somos uma nação santa. Fomos separados de todas as demais nações da terra para ser — ouça bem — sua propriedade peculiar. Agora, eu trouxe comigo do Egito umas poucas propriedades particulares. Elas são valiosas e preciosas para mim e eu as protejo. Então, estou tentando assimilar que é assim que nós somos para Javé.

À luz de quem eles eram e em resposta à graça demonstrada a eles, Deus deixou claro o que eles deveriam fazer ou não fazer:

Eu sou o SENHOR, teu Deus, que te tirei da terra do Egito, da casa da servidão. Não terás outros deuses diante de mim. Não farás para ti imagem

> de escultura, nem semelhança alguma do que há em cima nos céus, nem embaixo na terra, nem nas águas debaixo da terra. Não as adorarás, nem lhes darás culto [...] (Êx 20.2-5)

Então, depois de ouvir Moisés fazer a leitura desses mandamentos, talvez Eliseba desejasse acrescentar:

> Em virtude de quem nós somos, um povo que pertence a Deus, é estimado por Deus e está destinado a viver numa nova terra com Deus, Deus nos disse o que significa viver a nossa vida com um profundo senso dessa identidade. E o significado número um disso tudo é que Javé será nosso único e inigualável Deus. Não adoraremos nenhum dos deuses que eles adoravam no Egito, nem os deuses que o povo adora em Canaã, para onde estamos indo. Deus nos amou tanto; queremos, em troca, amá-lo e servir a ele de forma exclusiva.
> O modo como adoramos a Deus será muito diferente do modo como todos os outros povos da terra adoram seus deuses. Não devemos fazer nenhuma imagem dele para adorar. O Deus Criador não pode ser reduzido a nada que existe na criação. Além disso, Deus já fez imagens de

si mesmo — nós! Nós devemos ser a imagem de Deus no mundo!

Eliseba parece ter entendido o que Deus estava dizendo acerca de si mesmo e de seu povo. Mas ela e seu marido, Arão, bem como o restante de Israel, claramente não permitiram que essa realidade os transformasse no cerne de quem eles eram.

A imagem de outros deuses

Antes que Moisés pudesse descer do monte com tudo o que Deus lhe havia dito sobre quem Israel deveria ser e como o povo deveria viver no mundo como seus representantes, o povo havia lançado todo o seu ouro numa fogueira, e Arão o havia moldado à imagem de um bezerro. Ao recordar a história, Moisés parece querer mostrar que nós sempre nos assemelhamos àquilo que reverenciamos, que nos tornamos semelhantes àquilo que adoramos.[4] Claramente aquele era o caso dos israelitas. Após esse incidente, Moisés descreve os israelitas como um povo "de dura cerviz", que estava "desenfreado" e precisava ser novamente "ajuntado" na

---

4. "As pessoas se parecem com aquilo que veneram, quer para ruína, quer para a restauração". G. K. Beale, *Você se torna aquilo que adora: uma teologia bíblica da idolatria* (São Paulo: Vida Nova, 2014).

entrada, para que Moisés pudesse guiá-los aonde eles precisavam ir.[5] Tudo isso soa como a descrição de um rebanho bovino, não é?

Após os israelitas se estabelecerem na terra que Deus lhes dera, recusaram-se a enxergar a si mesmos como o povo de um só Deus e, em vez disso, prostraram-se a todos os tipos de deuses pagãos. O profeta Isaías usou seu púlpito e sua pena para zombar de toda aquela estupidez. Ele escreveu sobre quão ridículo é uma pessoa plantar uma árvore, colher seus frutos e, então, esculpir dela um deus e prostrar-se diante dele:

> Metade queima no fogo e com ela coze a carne para comer; assa-a e farta-se; também se aquenta e diz: Ah! Já me aquento, contemplo a luz. Então, do resto faz um deus, uma imagem de escultura; ajoelha-se diante dela, prostra-se e lhe dirige a sua oração, dizendo: Livra-me, porque tu és o meu deus. (Is 44.16-17)

Deus falou ao seu povo pelos profetas, chamando-o para abandonar seus ídolos. "Porém não deram ouvidos; antes, se tornaram obstinados, de dura cerviz como seus pais, que

---

5. Greg Beale, *Teologia bíblica do Novo Testamento: A continuidade teológica do Antigo Testamento no Novo* (São Paulo: Vida Nova, 2018).

não creram no SENHOR, seu Deus. Rejeitaram os estatutos e a aliança que fizera com seus pais, como também as suas advertências com que protestara contra eles; seguiram os ídolos, e se tornaram vãos, e seguiram as nações que estavam em derredor deles" (2Rs 17.14-15). Que triste situação para um povo que recebera tão magnífico propósito e identidade! Foram necessários setenta anos de exílio na Babilônia para expurgar seu povo de seus ídolos.

Sua imagem gloriosa encarnada

Então, finalmente, a imagem do Deus invisível, aquele em quem aprouve residir toda a plenitude de Deus (Cl 1.15, 19), condescendeu em viver no meio daqueles que foram criados à imagem de Deus. Deus enviou ao mundo seu Filho, revestido em carne humana. João começa seu Evangelho dizendo acerca de Jesus: "Ninguém jamais viu a Deus; o Deus unigênito, que está no seio do Pai, é quem o revelou" (Jo 1.18). Enquanto Adão foi criado *à* imagem de Deus, Jesus *é* a imagem de Deus por excelência. Ele não é simplesmente um reflexo da imagem de Deus; antes é a origem e a fonte, o Alfa e o Ômega, aquele de quem nós extraímos nossa imagem e o alvo para o qual a imagem de Deus em nós está sendo restaurada. "Ele [...] é o resplendor da glória e a expressão exata do seu Ser" (Hb 1.3).

Você já se perguntou como a autopercepção de Jesus era moldada à medida que ele crescia? Foi pela leitura dos rolos que continham os escritos de Moisés e dos Profetas. Ali, ele "encontrou a forma de sua própria identidade e o alvo de sua própria missão".[6] Ao crescer em sua compreensão das Escrituras, sua percepção de si como o Filho de Deus se desenvolveu. Isso também ficou claro para seus pais terrenos quando Jesus se demorou no templo e reagiu à angustiada procura por ele dizendo: "Por que me procuráveis? Não sabíeis que me cumpria estar na casa de meu Pai?" (Lc 2.49). Esse senso de identidade conduzia seu senso de missão. Ele disse: "Eu vim de Deus e aqui estou; pois não vim de mim mesmo, mas ele me enviou. [...] Eu vim para que tenham vida e a tenham em abundância" (Jo 8.42; 10.10). Obviamente, ele também disse: "Eu vim a este mundo para juízo" (Jo 9.39).

Se João criasse uma conta do Twitter para Jesus, talvez o nome de usuário fosse @AntesDeAbraãoExistirEuSou. E talvez João fizesse a descrição de seu perfil assim: "Pão da vida. Luz do mundo. Porta das ovelhas. Bom pastor. Videira verdadeira. Ressurreição e vida. Caminho, verdade, vida".

---

6. Christopher J. H. Wright, *Knowing Jesus Through the Old Testament* (Downers Grove, IL: InterVarsity Press, 1992), ix.

Se Paulo criasse uma conta do Twitter para Jesus, talvez o nome de usuário fosse @PrimogênitoDeTodaACriação. E talvez Paulo escrevesse a descrição do perfil assim: "Imagem do Deus invisível, Criador. Antes de todas as coisas. Sobre todas as coisas. Cabeça do corpo, da igreja. Reconciliador. Pacificador. Carregador da cruz. Supremo vencedor".

E, se o escritor de Hebreus criasse uma conta do Twitter para Jesus, talvez o nome de usuário fosse simplesmente @Superior. E talvez a descrição do perfil fosse assim: "Deus criou todas as coisas por meu intermédio e me designou herdeiro de todas as coisas. Eu sou o resplendor da glória de Deus, a expressão exata de seu ser, e sustento o universo pela palavra do meu poder. #SuperiorAMoisés #SacerdoteSuperior #SacrifícioSuperior #MediadorSuperior #PátriaSuperior".

Em seu ministério terreno, vemos Jesus fazer o que o primeiro Adão deveria ter feito. Adão deveria exercer domínio. Jesus exerceu domínio sobre os demônios, a natureza, a doença e até a morte. Ao tomar para si uma natureza humana e viver naquela natureza humana em verdadeira justiça e santidade, Jesus demonstrou para nós o que significa ser verdadeira e plenamente humano.

Mas ele fez mais que isso. Ele tornou possível que a imagem de Deus fosse restaurada em nós. Como? Aquele que carregava a perfeita imagem foi manchado — não por seu próprio pecado, mas pelo nosso. Isaías escreveu: "seu aspecto estava mui desfigurado, mais do que o de outro qualquer, e a sua aparência, mais do que a dos outros filhos dos homens" (Is 52.14). Na cruz, nosso Rei — aquele que era perfeito em justiça, santidade e conhecimento — tomou sobre si toda a nossa rebelião, nossa imundície, nossa tolice. Aquele que é vida em si mesmo adentrou a morte.

Mas ele não permaneceu lá. Quando Jesus saiu do túmulo, sua aparência não era como antes. Aqueles que eram os mais próximos dele não o reconheceram. Ele ainda era humano; o primeiro humano glorificado. Mas não será o último! O Pai pretende que o Filho tenha muitos irmãos e irmãs, e que toda a família se pareça com ele e seja gloriosa como o Jesus ressurreto!

Perceba, quando lemos em Romanos 8.29 que, "aos que de antemão conheceu, também os predestinou para serem conformes à imagem de seu Filho, a fim de que ele seja o primogênito entre muitos irmãos", reconhecemos que sempre foi o plano de Deus ter a terra cheia de portadores de sua imagem, de pessoas que se parecessem com ele. Mas temos de nos perguntar: que imagem? É a intenção de Deus que nos pareçamos com Adão e Eva no Éden, antes da Queda? Não! Deus pretende que carreguemos sua imagem de modo muito mais intenso, muito mais seguro, muito mais duradouro e abrangente do que Adão e Eva carregaram tal imagem no Éden. Será que ele pretende que pareçamos com Jesus durante sua vida e seu ministério? Certamente, Jesus nos oferece um modelo em sua vida justa. Mas Deus pretende que carreguemos sua imagem de modo muito mais escancarado e radiante do que Jesus fez em sua vida e em seu ministério. Deus pretende que carreguemos a imagem do Jesus ressurreto e glorificado! "E, assim como trouxemos a imagem do que é terreno, devemos trazer também a imagem do celestial" (1Co 15.49). E ele não está esperando até o dia da ressurreição para dar início a esse contínuo processo de transformação de nossa imagem e identidade.

Sua imagem gloriosa renovada

Se você foi unido a Cristo pela fé, o processo de ser recriado à imagem do Cristo ressurreto já teve início. Como sabemos disso? Paulo diz que nós somos aqueles "sobre quem os fins dos séculos têm chegado" (1Co 10.11). O novo está invadindo o agora. Ainda não somos *totalmente* novos, mas somos *genuinamente* novos.[7] "Ora, foi o próprio Deus quem nos preparou para isto, outorgando-nos o penhor do Espírito" (2Co 5.5).

---

7. Ver Hoekema, *Criados à imagem de Deus*, 3ª ed. (São Paulo: Cultura Cristã, 2018).

No vocabulário de Pedro, nós nos tornamos "coparticipantes da natureza divina" (2Pe 1.4).

Isso significa que, agora mesmo, na medida em que eu e você estamos unidos a Cristo pela fé, nós nos revestimos "do novo [homem], o qual *está sendo renovado* em conhecimento, à imagem do seu Criador" (Cl 3.10, NVI). Nós nos revestimos "do novo homem, criado segundo Deus, em justiça e retidão procedentes da verdade" (Ef 4.24). Uma vez que permanecemos em Cristo e saturamos nosso coração e mente com as Escrituras, e uma vez que acolhemos em nossa vida a obra do Espírito de nos convencer e purificar, aquilo que as Escrituras dizem sobre quem somos está começando a moldar nossa autopercepção mais do que o espelho ou a cultura à nossa volta, mais até do que nossa própria descrição de perfil nas redes sociais. Isso significa que podemos nos apresentar assim:

> Oi, meu nome é Nancy. Moro aqui em Nashville por enquanto, mas isso é apenas temporário. Minha verdadeira cidadania está no céu. E eu não estou sozinha nisso. Sou parte de uma família. Sou uma concidadã com os santos e membros da casa de Deus. Somos uma parte do povo de Deus que atravessa os séculos e alcança até mesmo a igreja primitiva, o que

significa que somos uma raça eleita, um sacerdócio real, uma nação santa, um povo de propriedade exclusiva de Deus. E nós recebemos uma grande comissão: proclamar as virtudes daquele que nos chamou das trevas para a sua maravilhosa luz.

Uma vez que fui unida a Cristo pela fé, estou ressuscitada com Cristo. Estou buscando as coisas lá do alto, onde Cristo vive, assentado à direita de Deus. Se parece que não me preocupo tanto em receber atenção, reconhecimento ou aprovação aqui e agora, é porque pus minha mente nas coisas lá do alto, não nas daqui da terra. E, se parece estranho que eu não tenha medo de sofrer perdas aqui, ou mesmo de perder minha vida, é porque já morri e minha vida está oculta com Cristo, em Deus. E, quando Cristo, que é a minha vida, se manifestar, eu também me manifestarei com ele em glória.[8]

Sua imagem gloriosa revelada

Minhas amigas, Deus, por seu Espírito, está trabalhando para restaurar a semelhança dele em você, assim

---

8. Ver Filipenses 3.20; Efésios 2.19; Colossenses 3.1-4; 1Pedro 2.9.

como um dia foi no Éden, só que ainda melhor.[9] Adão e Eva entregaram sua lealdade à serpente, e não a Deus. Porém, quando a imagem de Deus estiver plenamente restaurada em você, a afeição por Deus e a adoração a Deus vão consumi-la. As velhas manias de sempre pensar primeiro em si mesma desaparecerão para sempre, de modo que você finalmente será capaz de amar a Deus e ao próximo com sinceridade, pureza e harmonia.

Se você está em Cristo, será parte de um reino e de um sacerdócio para nosso Deus; e reinará sobre a terra (Ap 5.10). Por ter sido santificada por completo, você não será tentada a dominar, oprimir, abusar ou explorar. Seu governo com Cristo sobre a nova criação será tal qual o governo de seu Pai celeste sobre todas as coisas — perfeito em justiça e retidão.

Aproxima-se o dia em que as pessoas saberão quem você é apenas ao olhar para você. Não será necessário

---

9. "Não queremos dizer que o nosso estado final será o Éden restaurado *simplicitier* [simplesmente restaurado]. Em vez disso, o Éden é transcendido: a glória com que Adão estava vestido no Éden é restaurada naqueles que estão em Cristo, mas a consumação definitiva dessa glória resultará num estado superior ao Éden, pois já não haverá mais possibilidade de reversão ou queda. Então, desfrutaremos o estado final de perfeita bem-aventurança em comunhão com Deus, o estado que Adão e Eva teriam experimentado se continuassem agindo em confiante obediência". Dane Ortlund, "Inaugurated Glorification: Revisiting Romans 8:30", *Journal of the Evangelical Theological Society* 57 (2014): 116.

sequer apresentar-se. Elas verão que você é tudo o que foi criada para ser e que está fazendo tudo o que foi criada para fazer. Sua face resplandecerá a glória do próprio Deus e seus dias serão ocupados exercendo domínio sobre tudo o que ele criou. Seu coração e suas motivações serão perfeitamente puros. Seus pensamentos e ações serão completamente sábios. As pessoas dirão que você se parece com seu Pai celeste, que você tem forte semelhança com seu irmão celestial e que, claramente, a obra do Espírito em você está terminada — você terá sido plenamente recriada à imagem de Deus. Mas, se você quisesse se apresentar, talvez soasse algo assim:

> Eu poderia lhe dar o nome que meus pais me deram quando eu nasci na velha terra, sob a velha ordem, mas aquele nome simplesmente não me define mais. Ainda sou eu mesma, mas minha identidade agora está tão profundamente definida por Cristo que meu velho nome simplesmente não parece capaz de comunicar quem eu sou.[10] Que alívio ser eu mesma, mas não ser cheia de mim mesma!
> Preciso dizer-lhe que eu gostaria de poder falar com meu velho eu, no tempo em que eu vivia

---

10. Apocalipse 2.17; 3.12.

sob a velha ordem. Gostaria de dizer ao meu eu, ainda apegado à terra: olhe para cima, olhe adiante! Você pensa que sua vida se define pelo corpo que vê ao se olhar no espelho, pelo trabalho que você tem ou deixa de ter, ou pelos títulos que seguem seu nome. Mas não é assim. Quem você é diz respeito, sobretudo, a quem Cristo é e quem o Espírito está fazendo você se tornar. Sua percepção de si está sendo moldada por sua percepção de ser moldada à imagem dele. Porém, mais do que isso, está sendo moldada por sua antecipação de ser recriada à imagem gloriosa dele!

Naqueles dias em que você estiver fazendo a tarefa mais humilhante; nos dias em que se sentir invisível e insignificante; nos dias em que você se comparar a todos à sua volta, que parecem estar fazendo coisas muito mais significativas na vida do que você; faça um inventário de quem você de fato é, pois você está unida a Cristo, o Rei. Quando você entender que está assentada com ele nos lugares celestiais, será capaz de se rebaixar às tarefas mais subalternas e de ir ao mais necessitado dos lugares para se gastar e se deixar gastar. Quando entender que a justiça de Cristo a define agora e para a eternidade, a vergonha por seu pecado não terá o poder de moldar como você enxerga a si mesma.

Lembra-se de como Paulo escreveu que, "nos séculos vindouros", Deus tencionou "mostrar [...] a suprema riqueza da sua graça, em bondade para conosco, em Cristo Jesus" (Ef 2.7)? Preciso ir embora, porque o show já está começando.[11] Mas você pode me seguir no Twitter. É só procurar a minha descrição de perfil, que diz: "Redimida, justa, habitante da realeza celestial. Conhecida de antemão. Predestinada para ser e agora plenamente conformada à imagem de Cristo. Chamada. Justificada. Glorificada. #NãoHáMaisLágrimas#MeuFuturoÉTãoBrilhanteQuePrecisoUsarÓculos#IssoÉMuitoMelhorQueOÉden".

---

11. "O céu não será uma experiência estática. Ele não sucederá como um borrão indiferenciado ou uma mesmice interminável, mas fluirá com variação, sucessão e novidade. O céu se descortinará para nós em eras, numa nova era após a outra. [...] Deus trará cada vez mais honra para si mesmo, enquanto suspiramos em alegre admiração pelas novas e surpreendentes demonstrações de sua glória, santidade, justiça, amor, retidão, misericórdia, verdade, sabedoria, criatividade, imensidão e poder." Raymond Ortlund Jr., sermão, 7 ago. 2005, Christ Presbyterian Church, Nashville, TN.

Tua vontade faze, ó Senhor!
Eu sou feitura, tu és o autor.
Molda e refaze todo o meu ser,
Segundo as normas do teu querer.

Tua vontade faze, ó meu Pai!
Por ela o crente vive e não cai.
Enche minha vida até que, enfim,
Cristo somente vejam em mim.[12]

---

12. Adelaide A. Pollard, *"Vontade soberana"*, Hinário Novo Cântico nº 218 [N.T.: modificado para se aproximar da versão original citada pela autora.]

4

A história das *Vestes*

Detesto ser previsível, mas devo admitir que fico aliviada de saber que alguns dos meus sonhos recorrentes são, de fato, bastante previsíveis. É claro que não sou a única pessoa que, às vezes, tem sonhos nos quais pode voar sem estar num avião ou que está na rua, em público, sem blusa. (Você já teve esses sonhos também, não é?) Segundo um estudo conduzido pela University of California Santa Cruz,[1] os dois tipos de

---

1. G. William Domhoff, *Finding Meaning in Dreams: A Quantitative Approach* (New York: Plenum Press, 1996), 204. O estudo citado por Domhoff afirma que três quartos dos homens e mais da metade das mulheres incluídos na amostra relatam ter um sonho no qual podem voar por conta própria. Eles observaram que cerca de quarenta a cinquenta por cento, tanto de homens como de mulheres, relatam ter sonhos nos quais estão nus ou vestidos inapropriadamente em público, o que é acompanhado pela forte sensação de extremo constrangimento.

sonhos recorrentes relatados com mais frequência são o que chamam de sonhos das "vestes inapropriadas" — aqueles nos quais você está sem roupa ou usando roupas totalmente inadequadas — e sonhos de voo — aqueles nos quais você é capaz de voar sem esforço algum. Já tive ambos várias vezes. O que é interessante é que as pessoas, no estudo, não se incomodavam com os sonhos nos quais eram capazes de voar. Há algo de agradável e poderoso nesse tipo de sonho. Mas consideravam muito perturbadores os sonhos em que estavam sem roupa ou vestidas inapropriadamente. Não é por estarmos familiarizadas com essa ansiedade que ligamos para nossas amigas e perguntamos o que elas vão vestir em determinado evento? Não queremos aparecer vestidas inadequadamente ou de modo totalmente errado.

Quando eu estava no último ano do ensino médio, participei de um programa de liderança para garotas que terminava com um banquete no qual cada uma de nós tinha de subir ao palco e dizer seu nome. Eu havia levado um vestido especial para o evento, pelo menos foi o que pensei. Encomendei o vestido num catálogo, por trinta e dois dólares (o ano era 1979, lembre-se, e isso era muito dinheiro para mim). Obviamente, outras meninas tiveram a mesma ideia brilhante. Seis — preste atenção —, seis outras meninas desfilaram na minha frente com o mesmíssimo vestido "especial", e nós sorríamos desajeitadamente e revirávamos os olhos umas para as outras.

Ninguém gosta de estar vestido inapropriada ou inadequadamente. Não consigo deixar de me perguntar se esse sonho recorrente sobre roupas emerge não apenas de nossa preocupação com a possibilidade de ficarmos expostas e constrangidas, mas também de um lugar mais profundo em nossa memória ancestral — um senso de vergonha e a respectiva ansiedade resultante de nossa incapacidade de encontrar uma cobertura adequada, uma vergonha que herdamos de nossos primeiros pais, Adão e Eva.

A nudez corporal de Adão e Eva no jardim não era nada problemática, no princípio. Moisés escreve em Gênesis 2.25: "Um e outro, o homem e sua mulher, estavam nus e não se envergonhavam". Afinal de contas, eles haviam sido criados à imagem de Deus, que o salmista descreve como "revestido de glória e majestade, coberto de luz como de um manto" (Sl 104.1-2, NAA). Se eles haviam sido feitos à imagem de Deus, certamente tinham algo desse esplendor e dessa majestade como um manto. Davi escreveu sobre o primeiro homem: "Tu o fizeste um pouco menor do que os seres celestiais e o coroaste de glória e de honra" (Sl 8.5, NVI). Quando Adão e Eva olhavam um para o outro ou para seu próprio reflexo, viam-se cobertos com uma medida ou proporção da radiante luz de justiça, beleza e glória de Deus, e por isso não tinham motivo para se envergonhar.²

Mas isso não significa que não haveria uma razão posterior para eles se vestirem. Quando Moisés escreve que Adão e Eva estavam nus, seus leitores do Oriente Próximo reconheceriam essa condição como indesejável para os seres humanos, especialmente no caso dos representantes reais.³ Adão e Eva eram representantes do grande Rei, e representantes reais deveriam vestir-se

---

2. "Alguns antigos escritos judaicos e cristãos expressam a crença de que Adão e Eva estavam vestidos em mantos gloriosos antes da Queda, perderam aquela glória e, então, indevidamente, tentaram cobrir sua vergonha inglória com folhas de figueira. Alguns também sustentavam que, na verdade, as novas vestimentas dadas a Adão e Eva em Gênesis 3.21 apresentavam alguma medida de glória, designavam Adão como o primeiro sumo sacerdote ou apontavam para a herança superior das gloriosas vestes de imortalidade que receberiam no último dia." Greg Beale, *Teologia bíblica do Novo Testamento: A continuidade teológica do Antigo Testamento no Novo* (São Paulo: Vida Nova, 2018).

3. "Intérpretes modernos têm dado tanto enfoque ao papel das vestes em cobrir a vergonha que, em geral, perdem de vista o que os intérpretes antigos tomavam por certo: o uso das vestes como um instrumento de beleza, glória e até majestade real. [...] No antigo Oriente Próximo, esperava-se que tanto os reis como os ídolos — na medida em que representavam os deuses — estivessem vestidos, como um sinal e uma marca de sua autoridade real. É verdade que a nudez desavergonhada de Adão e Eva em Gênesis 2.25 não pode, em si mesma, ser vista como uma investidura (vestimenta) da glória de Deus, como cria a maioria dos intérpretes antigos. Por outro lado, é importante não negligenciar como a nudez sem a vergonha (Gn 2.25) ainda aponta para a necessidade da vestimenta — se não como um antídoto para a vergonha, então como um instrumento de honra real." William N. Wilder, "Illumination and Investiture: The Royal Significance of the Tree of Wisdom in Genesis 3", *Westminster Theological Journal* 68 (2006): 58, 62.

de acordo. (Considere a túnica de várias cores de José; Jônatas dando a Davi seu manto real, reconhecendo que ele seria o próximo rei; Daniel recebendo de Belsazar um manto púrpuro, ao ser anunciado como o terceiro maior governante do reino; e o filho pródigo recebendo um manto após seu retorno.)[4] Poderíamos pensar que estar nu e não sentir vergonha seria algo maravilhosamente libertador, mas, ao afirmar que Adão e Eva estavam nus, é como se Moisés quisesse incitar certas perguntas na mente de seus leitores — não tanto *se* Adão e Eva seriam vestidos, mas *como* e *quando* seriam vestidos. *Será que Adão e Eva vão obedecer a Deus e confiar que ele os vestirá como realeza, ou será que eles vão tentar se vestir por conta própria? Será que eles vão permanecer livres da vergonha, ou será que algo vai acontecer para lhes trazer grande vergonha?*

A possibilidade das vestes

Quando digo que Moisés apresenta Adão e Eva como nus e necessitando cobrir-se com vestes, talvez você pense que estou sugerindo que o paraíso era, de algum modo, imperfeito. Mas perfeição e imperfeição provavelmente não são a maneira certa de tentar definir o

---

4. Ver Gênesis 37.3, 23; 41.39-43; 1 Samuel 18.3-4; Daniel 5.29; Lucas 15.21-22.

Éden. Certamente, o Éden era puro e imaculado, cheio de ordem e plenitude, e, como o próprio Deus disse, bom, até mesmo muito bom. Porém, em vez de pensar no Éden em termos de perfeição, deveríamos pensar nele em termos de potencial. Ou, como meu amigo Buz Graham disse recentemente, "o Éden era incólume, mas também inacabado".

Em Gênesis 1 e 2, estamos lendo o princípio de uma história que será interrompida e redirecionada tendo acabado de começar. A intenção original de Deus para o Éden era que ele fosse não apenas bom, mas também glorioso. Igualmente, a intenção original de Deus para Adão e Eva era que eles fossem transformados a uma semelhança mais plena e completa de Deus, ao serem vestidos com uma medida maior da beleza e glória de Deus. Eles deveriam ir da glória para uma glória superior, de serem vestidos da vida no Éden para serem vestidos de imortalidade num Éden maior e superior. Uma vez que Adão e Eva fossem fecundos e se multiplicassem, mais descendentes à imagem de Deus viriam a glorificar a Deus e alegrar-se nele para sempre. Uma vez que Adão e Eva trabalhassem no jardim e o protegessem, o Éden se expandiria para além de seus limites originais, e a glória de seu domínio real aumentaria. Se Adão e Eva houvessem obedecido ao mandamento de Deus quanto à árvore proibida, eles se teriam transformado de glória em glória, de um estado de justiça ainda não testada para um estado de justiça testada e confirmada.[5] Eles teriam sido vestidos plena e eternamente com uma santidade que jamais seria maculada, uma beleza que jamais seria manchada e uma glória que jamais se desvaneceria.

Mas, é claro, sabemos que não foi isso que aconteceu. Eles foram destituídos da glória de Deus, a glória que Deus havia preparado para eles. Ao comerem da árvore, Adão e Eva tentaram tornar-se como Deus e vestir-se da beleza e da glória de Deus, mas à parte de Deus. E, instantaneamente, em vez de refletirem a imagem de seu Criador, eles passaram a refletir a imagem de seu novo deus, a antiga serpente. E era uma imagem feia, insuportável e vergonhosa.

Então, veio o estrondo das passadas no jardim. A advertência do Senhor — de que, no dia em que comessem da árvore do conhecimento do bem e do mal, eles morreriam — deve ter trovejado nos ouvidos deles. Aquele era o dia. O que eles ouviram não eram os

---

5. "Em virtude da sua criação à imagem de Deus, o homem sob o primeiro pacto tinha o status de governante da terra sob Deus, uma glória que refletia o domínio exercido na corte celestial por Deus e pelas hostes de anjos. Sendo imagem de Deus, o homem também possuía a glória moral de um estado de justiça simples, com a perspectiva de passar para uma glória superior de justiça confirmada." Meredith Kline, *Kingdom Prologue: Genesis Foundations for a Covenantal Worldview* (Eugene, OR: Wipf & Stock, 2006), 44-45.

passos gentis de um amigo, mas os passos ameaçadores de um juiz. Eles perceberam que o pior cenário possível para um pecador é ser encontrado em estado de nudez diante de Deus e, por isso, apressaram-se em fazer vestes para si mesmos, costurando algumas folhas. Que triste situação! Eles haviam sido criados para que Deus os cobrisse com as vestes reais de sua justiça e glória, mas o melhor que podiam fazer era vestir-se com folhas da figueira do quintal.

E as folhas de figueira simplesmente não davam conta do recado. Você já vestiu algo que não lhe caísse bem e que não cobrisse tudo o que precisava ser coberto? Quando isso ocorre, você, conscientemente, fica puxando suas roupas, tentando evitar que certas partes fiquem à mostra. Imagino Adão e Eva, conscientemente, puxando aquelas folhas que eram, obviamente, inadequadas. Eles estavam tentando evitar que sua vergonha ficasse à mostra. A solução que eles deram para sua vergonha era desconfortável, inadequada, feita com suas próprias mãos e, ainda por cima, não estava funcionando. Então, eles se esconderam de Deus.

Quando vemos Adão dizer a Deus por que ele estava se escondendo, esperaríamos que ele falasse sobre ter comido o fruto da árvore proibida. Mas não é isso o que ele diz. Em vez disso, ele explica: *"Porque estava nu*, tive medo, e me escondi" (Gn 3.10). Seu medo se baseava na consciência da perda de sua semelhança original com o Deus justo e glorioso, a qual lhe concedia o direito de estar na presença de Deus.[6]

Então, o que Deus fez? Em vez de destruir Adão e Eva, Deus os vestiu. "Fez o Senhor Deus vestimenta de peles para Adão e sua mulher, e os vestiu" (Gn 3.21). Não foi o modo como eles teriam sido vestidos se houvessem obedecido, mas as vestes proporcionavam alguma proteção para o deserto árido que eles encontrariam fora do Éden. As vestes também sugeriam que a possibilidade de serem vestidos por Deus em santidade, beleza e glória não estava perdida para sempre.[7] De fato, ao vesti-los com as peles de um animal inocente, Deus demonstrou *como* um dia seria possível ao seu povo vestir-se do esplendor real que ele havia preparado para Adão e Eva. Um dia, ele lidaria com o pecado humano de modo cabal e permanente — por meio da vestimenta proporcionada pela morte expiatória de um Cordeiro único, perfeito e

---

6. Uma conversa entre Will Wood, Camden Bucey e Jared Oliphint, num podcast, ajudou-me a entender isso: "Ephesians 6:10-17 and a Biblical Theology of Clothing", Christ the Center podcast, site *Reformed Forum*, 1.º abr. 2016.

7. "Parece que a cobertura de peles, como contrapartida antitética à imagem do diabo, deve ser compreendida como um símbolo de ser adornado com a glória da imagem de Deus. (Compare com o uso posterior de peles de animais entre as coberturas do tabernáculo, que eram réplicas simbólicas da glória divina.)." Meredith Kline, *Images of the Spirit* (Eugene, OR: Wipf & Stock, 1999), 150.

precioso. Um dia, no Éden superior que está por vir, ele vestirá seu povo com vestiduras lavadas e alvejadas pelo sangue desse Cordeiro (Ap 7.14).

A prévia das vestes

Adão e Eva deveriam governar como realeza sobre o reino do Éden. Eles também deveriam servir como sacerdotes no templo cósmico do Éden. Se houvessem passado no teste da árvore, Deus os teria vestido com roupas apropriadas para tal dever sacerdotal. Mas o fracasso de Adão e Eva não frustrou o plano de Deus. Em vez disso, ele começou a executar seu plano no qual um representante de seu povo entraria em sua presença, no Lugar Santíssimo do tabernáculo (e, depois, do templo), uma vez ao ano. Deus deu a Moisés o projeto divino do templo e, especialmente, do Lugar Santíssimo, para que ele evocasse o Éden. Ele também forneceu o desenho para as vestes do sumo sacerdote. No desenho dessas vestes, temos uma noção não apenas de como Adão e Eva teriam sido vestidos se houvessem obedecido, mas também de como Deus pretende cobrir todos aqueles que um dia habitarão aquele santuário melhor do que o Éden, aqueles "de toda tribo, língua, povo e nação" a quem Deus constituiu "reino e sacerdotes" e que "reinarão sobre a terra" (Ap 5.9-10).

A instrução de Deus a Moisés foi: "Farás vestes *sagradas* para Arão, teu irmão, para *glória* e *ornamento*" (Êx 28.2). Essas três palavras captam o caráter distintivo das vestes do sumo sacerdote: *santidade*, *glória* e *beleza*. Ele deveria ser o homem mais bem-vestido em Israel, com vestes feitas de puro linho branco decorado com fios dourados, azuis e de cores púrpura e carmesim.

Ele usava uma estola que provavelmente era um avental ou uma túnica sem mangas, com duas tiras que se estendiam por seus ombros. Havia duas pedras semipreciosas fixadas nas ombreiras, que continham a inscrição dos nomes das doze tribos de Israel. Atado à frente da estola, havia um peitoral de tecido ao qual se fixavam doze pedras preciosas, uma para cada das doze tribos. O sumo sacerdote também usava uma sobrepeliz feita de tecido azul ou de cor púrpura, uma peça sem costuras vestida por baixo da estola e que pendia até o joelho. Ele usava uma mitra ou um turbante de linho fino, com uma placa de ouro presa à fronte e gravada com as palavras "Santidade ao Senhor", significando que ele e o povo que ele representava diante de Deus haviam sido separados por Deus e para Deus, a fim de ser uma nação santa.[8]

---

8. Essa descrição das vestes sacerdotais é adaptada de meu livro anterior *The Lamb of God: Seeing Jesus in Exodus, Leviticus, Numbers, and Deuteronomy*, Seeing Jesus in the Old Testament (Wheaton, IL: Crossway), 2012, 174-75.

Vestes *santas* — fora do comum, concebidas por Deus para uso especial. *Belas* — não sedutoras ou sensuais, mas belas no sentido mais verdadeiro, com simetria e perfeição que refletiam a beleza e a perfeição do próprio Deus. *Gloriosas* — uma expressão radiante de tudo o que Deus é e faz. Quem não desejaria ser vestido dessa maneira?

Ao longo dos séculos, inúmeros sacerdotes se vestiram dessa maneira. Mas as vestes exteriores simplesmente não têm o poder de mudar o homem interior. Ao lermos a história de Israel no Antigo Testamento, descobrimos que a corrupção dos sacerdotes foi uma das principais razões que levaram Israel ao exílio e, por fim, toda a ordem sacerdotal desmoronou. Chegou o dia no qual não havia sacerdote usando a estola para representar o povo de Deus no templo em Jerusalém. Em verdade, não havia mais um templo em Jerusalém.

A promessa das vestes

O profeta Isaías, porém, ofereceu esperança. Isaías falou de um servo do Senhor que viria, alguém que poderia dar ao seu povo "coroa em vez de cinzas, óleo de alegria, em vez de pranto, veste de louvor, em vez de espírito angustiado" (Is 61.3). O povo de Deus seria chamado "sacerdotes do Senhor" (Is 61.6). Na profecia de Isaías, ouvimos o servo falar e ele está celebrando:

> Regozijar-me-ei muito no Senhor, a minha alma se alegra no meu Deus; porque me cobriu de vestes de salvação e me envolveu com o manto de justiça, como noivo que se adorna de turbante, como noiva que se enfeita com as suas joias.
> (Is 61.10)

Aproxima-se o dia em que o povo de Deus estará vestido de salvação, vestido de justiça e belamente vestido como sacerdote. Mas quando? E como?

Tal esperança de sermos vestidos — retratada na vestimenta de peles feita para Adão e Eva e nas vestes do sumo sacerdote, assim como prometida pelos profetas — tornava-se realidade quando Maria "deu à luz o seu primogênito" e "envolveu-o em panos" (Lc 2.7). "Não tinha aparência nem formosura; olhamo-lo, mas nenhuma beleza havia que nos agradasse" (Is 53.2). Por que não podíamos ver a beleza dele? Porque ele, "subsistindo em forma de Deus, não julgou como usurpação o ser igual a Deus; antes, a si mesmo se esvaziou, assumindo a forma de servo, tornando-se em semelhança de homens" (Fp 2.6-7). Jesus se vestiu com a vestimenta comum e perecível da carne humana.

Houve um dia, contudo, no qual ele deu a alguns de seus seguidores um vislumbre de sua verdadeira beleza, de sua gloriosa vestimenta. Marcos nos diz: "Seis dias depois, tomou Jesus consigo a Pedro, Tiago e João, e levou-os sós, à parte, a um alto monte. Foi transfigurado diante deles; as suas vestes tornaram-se resplandecentes e sobremodo brancas, como nenhum lavandeiro na terra as poderia alvejar" (Mc 9.2-3). Pedro, Tiago e João anteviram a glória da ressurreição de Jesus. Mas não anteviram apenas a glória da ressurreição de Jesus. Eles anteviram a glória da ressurreição de todos aqueles que estão unidos a Jesus pela fé. "Pois a nossa pátria está nos céus, de onde também aguardamos o Salvador, o Senhor Jesus Cristo, o qual transformará o nosso corpo de humilhação, para ser igual ao corpo da sua glória" (Fp 3.20-21). Um dia, seremos vestidas com a mesma glória que emanava de Jesus naquele monte. Seremos igualmente radiantes; seremos igualmente belas.

O sacerdote que foi despido

Para tornar possível que você e eu sejamos vestidas desse modo, Jesus se sujeitou não apenas a nascer nu como um bebê, mas também a ser desnudado em sua crucificação:

> Os soldados, pois, quando crucificaram Jesus, tomaram-lhe as vestes e fizeram quatro partes, para cada soldado uma parte; e pegaram também a túnica. A túnica, porém, era sem costura, toda tecida de alto a baixo. Disseram, pois, uns aos outros: Não a rasguemos, mas lancemos sortes sobre ela para ver a quem caberá — para se cumprir a Escritura: Repartiram entre si as minhas vestes e sobre a minha túnica lançaram sortes. Assim, pois, o fizeram os soldados. (Jo 19.23-24)

Jesus, usando a túnica sem costura de um sacerdote, teve aquelas vestes arrancadas. Ele experimentou a humilhação da nudez para que você e eu possamos experimentar a glória de sermos vestidas. E isso não se restringe ao futuro. Agora mesmo, se você está em Cristo, está sendo santificada, está se tornando bela, está sendo vestida com a justiça de Cristo.

O processo das vestes

No livro de Colossenses, Paulo fala aos crentes sobre o impacto de ser unido a Cristo. Ele escreve:

> Portanto, se fostes ressuscitados juntamente com Cristo, buscai as coisas lá do alto, onde Cristo

vive, assentado à direita de Deus. Pensai nas coisas lá do alto, não nas que são aqui da terra; porque morrestes, e a vossa vida está oculta juntamente com Cristo, em Deus. Quando Cristo, que é a nossa vida, se manifestar, então, vós também sereis manifestados com ele, em glória.
(Cl 3.1-4)

Em outras palavras, por estar unida a Cristo, a realidade da nova criação e da ressurreição já lhe pertence. Aproxima-se o dia em que você será plenamente vestida da glória de Jesus. Assim, faz todo sentido que a glória dele — seu caráter, seu propósito, sua semelhança — torne-se uma realidade crescente naquilo que você está "vestindo" agora, no modo como você está vivendo agora.

Paulo diz aos crentes que, por estarmos ocultos ou cobertos em Cristo, nós "[nos despimos] do velho homem com os seus feitos e [nos revestimos] do novo homem que se refaz para o pleno conhecimento, segundo a imagem daquele que o criou" (Cl 3.9-10). É quase como se Paulo tivesse Gênesis 1-3 em mente ao escrever. Ele está dizendo que nós tiramos as vestes usadas por todos aqueles que estão "em Adão" — as vestes da rebelião e as folhas de figueira de nossas próprias tentativas de sermos bons o bastante para estarmos na presença de

Deus — e, agora, nós nos vestimos desse "novo eu". No presente, estamos usando as vestes do último Adão, Jesus Cristo.⁹

E qual é a aparência dessas novas vestes? Paulo continua:

> Revesti-vos, pois, como eleitos de Deus, santos e amados, de ternos afetos de misericórdia, de bondade, de humildade, de mansidão, de longanimidade. Suportai-vos uns aos outros, perdoai-vos mutuamente, caso alguém tenha motivo de queixa contra outrem. Assim como o Senhor vos perdoou, assim também perdoai vós; acima de tudo isto, porém, esteja o amor, que é o vínculo da perfeição. (Cl 3.12-14)

Isso, minhas amigas, é o que significa ser bonita. Essa é "a beleza que vem de dentro e que não desaparece, a beleza de um espírito amável e sereno, tão precioso para Deus" (1Pe 3.4, NVT). Isso não é belo somente para Deus; é bem atraente às pessoas também.

Paulo está dizendo que, quando a nova criação invade o aqui e o agora de nossa vida, faz todo sentido que

---

9. "Paulo os está exortando a parar de se identificar com os traços da antiga vida no primeiro Adão e a se caracterizar pelos traços da nova vida no último Adão." Beale, *Teologia bíblica do Novo Testamento: A continuidade teológica do Antigo Testamento no Novo* (São Paulo: Vida Nova, 2018).

sejamos cada vez mais cobertas da santidade, da glória e da beleza que, um dia, serão plenamente nossas. E é isso que Paulo diz estar acontecendo, em 2 Coríntios 3. Ele relembra como Moisés saía da presença de Deus com a glória de Deus cobrindo sua face, e como ele punha um véu sobre o rosto, para que os outros não vissem a glória desaparecendo. Ele está nos ajudando a entender que há medidas de glória que podem aumentar e diminuir. A glória que Moisés tinha em sua face ao sair da presença de Deus diminuía com o tempo. Paulo diz: "E todos nós, com o rosto desvendado, contemplando, como por espelho, a glória do Senhor, somos transformados, de glória em glória, na sua própria imagem" (v. 18). A glória que eu e você temos deve aumentar no curso de nossa vida.

"Transformados de glória em glória" — esse sempre foi o plano de Deus. Esse era seu plano para Adão e Eva. Adão e Eva foram criados com uma medida de glória, tendo sido feitos à imagem de Deus. Se houvessem obedecido, eles teriam sido transformados daquele primeiro nível de glória para outro. Mas eles falharam. Cristo tornou possível que nós de fato sejamos vestidas da glória superior que Adão e Eva perderam. Mesmo agora, uma vez que o Espírito Santo opera em nós, estamos sendo transformadas de uma medida de glória para outra.

Quando nos aproximamos, desnudas e expostas, da Palavra de Deus, essa Palavra viva e eficaz faz sua obra no interior de nossa vida, discernindo nossos pensamentos impuros e os horríveis propósitos de nosso coração, a fim de podermos confessar, nos arrepender e mudar genuinamente (Hb 4.12-13). O Espírito faz sua obra de transformação, a fim de sermos cada vez mais envoltas nos mantos da justiça de Cristo — não simplesmente num sentido judicial, mas na realidade de nossa vida.

O Espírito nos capacita a abandonar nossa rebeldia, a qual nos torna obstinadas em ostentar nossa vergonhosa pecaminosidade, assim como nossa justiça própria, a qual nos torna obstinadas em nos cobrir de nossa própria glória, justiça e beleza. Vemo-nos cada vez mais desejando estar vestidas da glória, santidade e beleza do próprio Cristo. Desejamos "[revestir-nos] do Senhor Jesus Cristo e nada [dispor] para a carne no tocante às suas concupiscências" (Rm 13.14). Desejamos "[nos revestir] do novo homem, criado segundo Deus, em justiça e retidão procedentes da verdade" (Ef 4.24). Desejamos nos revestir de toda a armadura de Deus (Ef 6.11-15). Que guarda-roupa! Quem precisa de roupas de grife? Quando colocamos nosso foco em sermos vestidas desse modo, ficamos menos preocupadas e ansiosas com a aparência que temos com nossas roupas físicas.

Sabemos que, se aquele que veste os lírios do campo é o mesmo que está nos vestindo, mal podemos imaginar quão belas estamos nos tornando.

Porque o Espírito está operando em nós, mudamos a maneira como pensamos sobre vestes e nudez; assim, em vez de sermos levianas quanto à nudez, encaramos a nudez dos outros, o vê-la ou o participar dela, como vergonhosa rebelião contra Deus, como uma negação de nossa pecaminosidade diante de um Deus santo. Abraçamos a modéstia no lugar da exibição. Todos os dias, quando nos cobrimos com nossas vestes, damos um testemunho de nossas faltas presentes e futuras, as quais nos trazem vergonha, mas também da glória que há de nos cobrir por toda a eternidade e extinguir toda a vergonha.

Operando em nós, o Espírito está substituindo nosso desejo de nos vestir de um modo que impressione ou seduza pelo desejo de nos vestir como Paulo instruiu as mulheres em sua carta a Timóteo: "em traje decente, se ataviem com modéstia e bom senso" (1Tm 2.9). Em vez de usarmos nossas vestes para fazer uma afirmação de estilo que fará as cabeças virarem em nossa direção, queremos, com nosso caráter, fazer uma afirmação de estilo que fará as cabeças virarem na direção de Cristo. Queremos que as pessoas olhem para nossa vida e perguntem de onde vêm as nossas roupas, porque elas querem tornar-se tão belas quanto estamos nos tornando.

A antecipação das vestes futuras

Apreciamos o modo como Deus está nos vestindo em santidade, beleza e glória. Mas também reconhecemos que estamos longe de ser tão santas, belas ou gloriosas quanto anelamos ser. É isso que Paulo quer dizer ao escrever aos coríntios, observando que gememos angustiados por querermos ser "sobrevestidos" (2Co 5.4, tradução livre). Para acompanharmos o que Paulo está ensinando nessa passagem, precisamos observar que ele combina duas metáforas — a da casa na qual moramos e a das roupas com que nos vestimos. Elas se referem à mesma coisa. Paulo escreve:

> Sabemos que, se a nossa casa terrestre deste tabernáculo se desfizer, temos da parte de Deus um edifício, casa não feita por mãos, eterna, nos céus. E, por isso, neste tabernáculo, gememos, aspirando por sermos revestidos da nossa habitação celestial; se, todavia, formos encontrados vestidos e não nus. Pois, na verdade, os que estamos neste tabernáculo gememos angustiados, não por querermos ser despidos, mas revestidos, para que o mortal seja absorvido pela vida. (2Co 5.1-4)

Paulo descreve a vida presente como morar numa tenda, que é temporária e vulnerável. E ele descreve nossa vida futura tanto como o revestir-se de uma habitação celestial quanto como o vestir uma nova roupa. Ele não quer que sejamos encontradas nuas. Evidentemente, a glória da qual seremos vestidas na ressurreição será tão superior à glória com a qual estamos cobertas agora que nossa realidade presente pode ser descrita, em contraste, apenas como nudez.[10] Por que queremos ser sobrevestidas? "Para que o mortal seja absorvido pela vida." Em outras palavras, aspiramos por ser sobrevestidas de imortalidade.

Se já lemos a carta anterior de Paulo aos coríntios, isso soa familiar. Em 1 Coríntios 15, Paulo diz que a glória que teremos ao ressuscitar dentre os mortos será tão superior à glória que temos agora que, em comparação, nosso estado presente só pode ser descrito como "desonra".[11]

---

10. "Podemos interpretar que a nudez aqui mencionada significa a ausência da glória plena daquela existência celestial. Nesse sentido, até mesmo a nossa presente vida terrena é caracterizada pela nudez, em contraste com as vestes que receberemos na glória celestial." Anthony A. Hoekema, *A Bíblia e o futuro*, 3ª ed. (São Paulo: Cultura Cristã, 2013).

11. "Se Adão é desonroso, isso pode ser compreendido não moralmente, mas escatologicamente. Adão é desonroso no sentido de que ainda não foi glorificado. Ele é desonroso, não no sentido de ter pecado, mas em que ele ainda não alcançou sua glória mais elevada na condição de criatura. Ele ainda não foi glorificado. O contraste é entre desonra e honra, ou glória." Lane Tipton, "The Covenant of Works, Adam's Destiny", palestra em ST131: Survey of Reformed Theology (2014), Westminster Theological Seminary, Glenside, PA, acesso em 25 mar. 2015, via ITunesU.

Em seguida, ele descreve o dia no qual receberemos o guarda-roupa pelo qual aspiramos: "A trombeta soará, os mortos ressuscitarão incorruptíveis, e nós seremos transformados. Porque é necessário que este corpo corruptível se *revista* da incorruptibilidade, e que o corpo mortal se *revista* da imortalidade" (1Co 15.52-53).

Este será o traje definitivo: imortalidade. Vida infindável e ininterrupta. Você não pode encomendá-lo num catálogo de moda e ele custa muito mais do que trinta e dois dólares. Mas *você* não pode comprá-lo; ele tem de ser comprado *para você* e, com efeito, já foi comprado para você. "Não foi mediante coisas corruptíveis, como prata ou ouro, que fostes resgatados do vosso fútil procedimento que vossos pais vos legaram, mas pelo precioso sangue, como de cordeiro sem defeito e sem mácula, o sangue de Cristo" (1Pe 1.18-19). Por toda a eternidade, você vestirá o traje mais caro que já existiu.

Amo a imagem que Paulo usa da mortalidade sendo engolida pela vida — derrotada, devorada por ela. Nossa mortalidade, que às vezes nos causa tanta angústia, será engolida pela vida. Pare para pensar em todas as maneiras pelas quais o mundo tenta nos vender uma falsificação da imortalidade, na forma de cirurgia plástica, Botox, coloração capilar e creme antirrugas. Pense em todas as formas pelas quais ficamos obcecadas pelo medo de envelhecer e parecer velhas. Aqui está um único lugar em que saturar nosso pensamento com a história bíblica nos transforma no aqui e agora. Quando a certeza de nossa imortalidade começa a criar raízes em nossa alma, tem o poder de nos guardar do desespero, enquanto nossa juventude se esvai. Podemos, então, descansar, sabendo que seremos vestidas de santidade, beleza e glória para sempre. Essas são as vestes que desejamos para nós mesmas e para todos a quem amamos.

Quando eu estava grávida de minha filha, Hope, minha amiga Dee Proctor organizou um chá de bebê para mim. Entre os belos presentes que ganhei naquele dia, estava um agasalho tamanho nove meses que Jan Eberle comprou numa das melhores lojas infantis de Nashville. Quando, algumas semanas depois, Hope nasceu, descobrimos que sua vida seria muito breve. O geneticista nos disse que esperássemos tê-la por cerca de seis meses.[12] Alguns meses depois, estávamos nos preparando para uma ocasião especial e eu queria vestir Hope com algo especialmente belo. Então, levei aquele agasalho tamanho nove meses até a loja e perguntei

---

12. Perdoe-me, querida leitora, se parece que deixei de mencionar algo importante em meu desejo de enfatizar neste capítulo aquilo que é mais importante. Se você não está familiarizada com a história da breve vida de nossa filha, Hope e, depois, de nosso filho Gabriel, você pode saber mais em www.nancyguthrie.com ou em meus livros *Um fio de esperança* (São Paulo: Mundo Cristão, 2008). e *Hearing Jesus Speak Into Your Sorrow* (Carol Stream, IL: Tyndale, 2009).

se poderia trocá-lo por outra peça. A doce mulher que trabalhava na loja disse: "Oh, mas você não quer guardar isso para quando couber nela, no próximo inverno?". Tive de lhe dizer que Hope não viveria até o próximo inverno (o tipo de conversa desconfortável que tive muitas vezes durante a breve vida de Hope). Saí da loja com um lindo vestidinho bordado e ela o usou no dia seguinte. Poucos meses depois, quando Hope morreu, o agente funerário perguntou se eu gostaria que Hope fosse enterrada com algum traje específico, então eu lhe entreguei o vestidinho bordado.

Hope estava lindamente vestida na morte. Mas, oh, quão mais lindamente vestida ela estará na ressurreição! Ela e todos os que estão em Cristo estarão vestidos em pura santidade, surpreendente beleza e radiante glória. Neste momento, somente Jesus está plenamente vestido com essa glória da ressurreição. Mas ele é apenas o primeiro.

Minhas amigas, nosso futuro não é um retorno à nudez do jardim do Éden. Em vez disso, Cristo tornou possível a todas as que estão unidas a ele se vestirem de imortalidade. Seremos completamente santas, tão gloriosas que precisaremos de novos olhos para olhar umas para as outras. Seremos tão, tão lindas — tão lindas quanto Jesus. Quando o homem do céu, o glorioso Cristo ressurreto, retornar a esta terra, estaremos com vestes iguais às dele. E não ficaremos constrangidas por isso. Isso será nossa glória. E, até lá, nós cantamos:

> Nada posso, meu Senhor!
> Nada eu tenho a te ofertar!
> Sou tão só um pecador
> Teu amparo a suplicar.
> Rocha eterna, mostra, assim,
> Tua graça e amor por mim!
>
> Quando o derradeiro olhar
> A este mundo aqui volver,
> E no Trono eu te encontrar,
> Teu chamado a responder,
> Rocha eterna, espero ali
> Abrigar-me, salvo, em ti![13]

---

13. Augustus Toplady, "*Rocha eterna*", Hinário Salmos e Hinos nº 408.

A história do
Noivo

A paixão dos maiores romances do mundo ecoa pela história em forma de poesia. E meu grande romance não é exceção. Gostaria de poder dizer que esta ode ao nosso amor foi movida simplesmente por um transbordar das afeições borbulhantes do coração de meu marido, mas, pelo que me lembro, foi uma composição de última hora, antes de uma festa de Dia dos Namorados para jovens casais, no início dos anos 1990. Nessa festa, os maridos foram instruídos a escrever e ler um poema para as esposas na reunião. Sempre recusando-se a ser superado no departamento de rimas perspicazes, David impressionou a multidão com o que se segue:

Se eu fosse um cupim
E você, uma cadeira
Roeria sua perna
Até carcomê-la inteira.

Se você fosse setembro
E o mês de julho fosse eu,
Trocaria com agosto
Pra ficar ao lado seu.

Mas sou um homem apenas,
Jamais serei um cupim
Então vou amar você
Ontem, hoje, até o fim.

Contudo, quero pedir,
Aliás, vou implorar:
Você ainda me deixa
Sua perna mordiscar?[1]

---

1. Se você gostou desse poema, talvez goste também deste que David escreveu para mim depois que encolhi um de seus suéteres favoritos na máquina de lavar: "Para Nancy, 12 fev. 2011: Nosso amor é assim, / Como um suéter de lã, / Macio, felpudo, quentinho, / Pra esquentar nossa manhã. / Quem gosta de impressionar / Usa terno de alfaiate; / Mas, se quiser se aconchegar, / Um suéter ninguém bate! / Você se amarra no meu cachecol, / Eu acho o seu tricô arrebatador, / Você é a maior fã do meu cardigã, / Vamos dar um rolê com a sua gola rulê? / Quando aparecerem as traças da aflição / Para roer da nossa vida o tecido, / Cosidos, nossos corações saberão / Que somos mais do que mulher e marido. / Sim, nosso amor é como um suéter, / O mais lindo de se ver; / E, mesmo posto n'água quente, / É impossível de encolher!".

Pouco tempo depois, embora muito menos versada na arte da expressão poética do amor, assim respondi ao comovente solilóquio de David:

> Se eu fosse uma flor
> E você fosse um zangão,
> Meu perfume exalaria
> Pra chamar sua atenção.
>
> Se você fosse fevereiro
> E eu abril, pediria
> A março para trocarmos,
> Nem que fosse por um dia
>
> Porém, você é um homem
> E eu sou sua mulher;
> Meu anseio é amá-lo
> Enquanto vida eu tiver.
>
> Mas eu quero perguntar-lhe:
> Se um zangão você fosse,
> Ainda, de todas as flores,
> Acharia que sou eu a mais doce?

O amor ama se expressar em verso e poesia. Pense na estrofe que abre o Soneto 43 dos *Sonetos da Portuguesa*, de Elizabeth Barret Browning:

> Amo-te quando em largo, alto e profundo
> Minh'alma alcança quando, transportada,
> Sente, alongando os olhos deste mundo,
> Os fins do Ser; a Graça entressonhada.

E sua estrofe final:

> Amo-te até nas coisas mais pequenas.
> Por toda a vida. E, assim Deus o quisesse,
> Ainda mais te amarei depois da morte.[2]

Há algo tão glorioso no amor entre um homem e uma mulher, algo tão inebriante, tão arrebatador, que a prosa comum simplesmente não consegue expressar. Por isso, faz todo o sentido que, na história de amor que é a Bíblia, as primeiras palavras humanas registradas sejam um poema de amor. Em Gênesis 2, encontramos uma explosão de alegria arrebatadora que sai do coração de Adão quando ele se apaixona por Eva, a primeira noiva. Ele exclama:

> Esta, afinal, é osso dos meus ossos
> e carne da minha carne [...] (Gn 2.23)

---

2. O poema foi traduzido por Manuel Bandeira e publicado em seu *Estrela da vida inteira* (Rio de Janeiro: Nova Fronteira, 2007). (N.T.)

Faz todo o sentido que a Bíblia inicie com essa exclamação poética de amor, pois a Bíblia é uma história de amor do início ao fim. É a história de Deus escolhendo, congregando e adornando uma noiva para seu Filho. Ela não é, em contrapartida, necessariamente a mais linda ou a mais amável. Em verdade, quando lemos a história da noiva, às vezes ficamos um tanto chocadas pelo fato de Deus tê-la escolhido. Vemos que, com frequência, ela tem um coração duro; muitas vezes, ela resiste às suas afeições e trata seus presentes com total desdém. Contudo, o Pai é incansável em sua busca e preparação dessa noiva para seu Filho. Até aqui, esse vem sendo um noivado inesperadamente longo. O Pai marcou a data do casamento e os convites já foram enviados. É claro que, por mais aguardado que seja aquele dia, a festa do casamento será só o começo. Nossa maior expectativa é com o matrimônio, aquele no qual jamais teremos de dizer: "Até que a morte nos separe" — um casamento que será ainda melhor que aquele que Adão e Eva desfrutaram no Éden.

A primeira noiva

Aparentemente, há, em nossos dias, uma pressão excessiva quando se fala em cerimônias de casamento. O pobre rapaz não precisa apenas conseguir a coragem para pedir a mão da moça; ele precisa cuidar de toda a produção da proposta, contratar fotografia e talvez filmagem.

Depois, há a criação de um site de casamento que inclui uma seção chamada "nossa história", que conta como eles se conheceram e ficaram noivos. Penso que, se houvesse tal coisa como um site de casamento nos dias do Éden, no site de Adão e Eva estaria escrito: "Tomou, pois, o Senhor Deus ao homem e o colocou no jardim do Éden para o cultivar e o guardar. [...] Disse mais o Senhor Deus: Não é bom que o homem esteja só; far-lhe-ei uma auxiliadora que lhe seja idônea" (Gn 2.15, 18).

Adão, o único humano no Éden, tinha diante de si essa enorme tarefa de encher, sujeitar e dominar a terra sob a autoridade de Deus. E, quando Deus olhou para a situação, concluiu que "não [era] bom" que Adão estivesse só. O texto não diz que Adão estava solitário. Presumir que Deus daria uma esposa a Adão apenas para resolver um sentimento de solidão seria ler mais do que está escrito. Se o problema fosse uma companhia, parece que o versículo diria que Deus lhe faria uma companheira. Na realidade, o problema parece ter sido que o trabalho dado a Adão era grande demais para ele realizar sozinho.[3] Então,

---

3. "Não é bom, não porque ele se sente solitário (pode ser que se sinta, pode ser que não!), mas simplesmente porque o trabalho é grande demais para ele realizar sozinho. É por isso que ele recebe 'uma auxiliadora' em vez de 'uma companheira'. [...] Ela lhe é dada aqui como sua 'auxiliadora', o que simplesmente significa alguém que trabalha ao seu lado, de sorte que ambos possam, juntos, executar a tarefa." Christopher Ash, *Married for God: Making Your Marriage the Best It Can Be* (Wheaton, IL: Crossway, 2016), 36.

Adão recebeu uma auxiliadora. "A mulher possibilitaria que o homem fizesse o que ele jamais poderia fazer sozinho."[4] O relato de Gênesis parece repelir nossas noções excessivamente românticas do casamento, ao nos revelar que o propósito mais profundo do casamento, antes e agora, não é sobre companheirismo ou satisfação sexual. Embora ele certamente tenha o potencial de proporcionar tais maravilhas, o propósito ou fim original (e ainda primário) do casamento no mundo de Deus é servir aos propósitos de Deus no mundo.[5]

Porém, talvez a palavra usada para descrever Eva — *auxiliadora* — chegue até você do jeito errado. Talvez ela soe como se rebaixasse Eva ou as mulheres em geral. É importante notar que o próprio Deus é descrito pela Bíblia como um ajudador, especialmente com referência à sua batalha contra os inimigos de Israel.[6] Então, auxiliar na tarefa de encher, sujeitar e dominar a terra é algo nobre e que reflete semelhança com Deus.

---

4. R. Kent Hughes, *Genesis: Beginning and Blessing*, Preaching the Word, ed. R. Kent Hughes (Wheaton, IL: Crossway, 2004), 58.

5. Essa ideia vem de William Taylor, "God's Purpose in Marriage", sermão, 30 jan. 2001, St. Helens Bishopsgate, London.

6. Ver Êxodo 18.4; Deuteronômio 33.7; 1 Samuel 7.12; Salmos 20; 121.1-2; 124.8.

Moisés assim descreve a criação da mulher e sua apresentação ao homem:

> Então, o Senhor Deus fez cair pesado sono sobre o homem, e este adormeceu; tomou uma das suas costelas e fechou o lugar com carne. E a costela que o Senhor Deus tomara ao homem, transformou-a numa mulher e lha trouxe.
> (Gn 2.21-22)

Um casamento divinamente arranjado. Não foi preciso um site de encontros. Ali, no exuberante jardim, perto do rio que fluía do Éden, Deus trouxe uma noiva para seu filho Adão e a apresentou a ele. Adão tirou um dos melhores cochilos do mundo, acordou para receber um dos maiores presentes de Deus e participou da primeira cerimônia de casamento do mundo. Como o pai da noiva, o Senhor Deus conduziu Eva a Adão; e a resposta de Adão à sua noiva foram as primeiras palavras humanas registradas no mundo, um poema de amor:

> E disse o homem: Esta, afinal, é osso dos meus ossos e carne da minha carne; chamar-se-á varoa, porquanto do varão foi tomada. (Gn 2.23)

Uma explosão de alegria do coração de Adão. "Afinal!", exclamou ele. Todos os animais haviam desfilado diante de Adão, para que ele pudesse nomeá-los. E, embora vivessem e respirassem como ele, nenhum deles poderia ser seu parceiro nessa grande tarefa que Deus lhe dera. "Afinal!" expressa o desejo correspondido de Adão por outra criatura que fosse como ele — não uma réplica, mas, sim, um complemento adequado. Deus formou Eva da própria carne de Adão, mas, como um verdadeiro artista, refinou sua obra original, dando a ela curvas mais suaves e feições mais refinadas.

Após essa exclamação poética de Adão, é como se a narrativa dessa história de amor se virasse e falasse diretamente aos seus leitores originais, bem como a nós, ajudando-nos a fazer a conexão entre o primeiro casamento no Éden e todos os outros casamentos desde então: "Por isso, deixa o homem pai e mãe e se une à sua mulher, tornando-se os dois uma só carne" (Gn 2.24).

O casamento deve ser uma união permanente, em uma só carne, de completa autoentrega, mais profunda até do que a relação entre pais e filhos. Casar-se é partilhar tudo — corpos, dinheiro, esperança, problemas, sucessos e fracassos, saúde e doença, até que a morte separe. Ray Ortlund expressa assim: "Dois 'eus' egoístas começam a aprender a pensar como um 'nós' unificado".⁷ Nesse primeiro casamento, Adão e Eva nada tinham a esconder, nada a proteger e tudo a partilhar. O presente deles era rico em relacionamento e seu futuro era radiante de propósito e possibilidades.

Não seria ótimo se pudéssemos parar a história do casamento humano bem aí? Não seria maravilhoso se todas tivéssemos a experiência de Eva, de ser celebrada e estimada como noiva, de ter casamentos que fossem tão íntimos e intocados por monotonia, decepção, traição, alienação, frustração, fracasso ou morte quanto era o casamento de Adão e Eva a essa altura da história?

Em vez disso, quando a história avança, o modo como as coisas haviam sido criadas para ser em Gênesis 2 é invertido em Gênesis 3. Os animais deveriam ser dominados pelo homem, mas, em Gênesis 3, uma criatura rastejante assume o controle. A mulher deveria ser uma auxiliadora para o homem na execução dos mandamentos de Deus, mas, em vez disso, torna-se um obstáculo. O homem deveria exercer liderança graciosa sobre sua esposa e protegê-la do perigo, mas, em vez disso, ele abdica de sua responsabilidade, deixando-a vulnerável ao engano.

---

7. Ray Ortlund Jr., Marriage and the Mystery of the Gospel, Short Studies in Biblical Theology (Wheaton, IL: Crossway, 2016), 30.

Custa acreditar que as mesmas duas pessoas que estavam nuas e desavergonhadas estejam, poucos versículos depois, tentando cobrir sua vergonha. Custa acreditar que a mesma pessoa que estendeu a mão para acolher a mulher, exclamando "Afinal!", poucos versículos depois esteja apontando o dedo para ela e culpando-a, dizendo: "A mulher que me deste por esposa, ela me deu da árvore, e eu comi" (Gn 3.12).

Aquele era um casamento com uma missão — encher a terra com descendentes, sujeitá-la, dominá-la. Aquele era o par perfeito, formado no céu sobre a terra. Todavia, algo deu terrivelmente errado nesse casamento, como ocorre em tantos outros. Essa parceria, pensada para abençoar o mundo, trouxe sobre o mundo uma maldição. O deleite inicial se dissolveu e, em meio à rejeição da ordem divina, acusações mútuas e culpa avassaladora, transformou-se em ocultação, alienação e conflito. Gênesis 3 explica por que tantas pessoas que se casam com elevadas expectativas depois veem que estavam nutrindo grandes decepções:

> E à mulher [Deus] disse:
> Multiplicarei sobremodo
> os sofrimentos da tua gravidez;
> em meio de dores darás à luz filhos;
> o teu desejo será para o teu marido,
> e ele te governará. (Gn 3.16)

Deus diz a Adão e Eva que a maldição vai penetrar o relacionamento de uma só carne que eles desfrutam e a missão na qual estão envolvidos, de modo que serão para sempre alterados de três maneiras específicas. Primeiro, em vez de encherem a terra de filhos de forma indolor, o cumprimento daquela parte de sua tarefa será doloroso. Deus não estava falando apenas da dor do parto. Não há epidural forte o bastante para anular a dor decorrente não apenas de dar à luz, mas também de ser uma pecadora criando um filho pecador neste mundo amaldiçoado pelo pecado. Às vezes queríamos que houvesse alguma maneira de nos anestesiar para as profundas dores que o profundo amor por nossos filhos, ou o profundo desejo de ter filhos, criam em nossas vidas, não é? A dor profunda de ver nosso filho ser deixado de lado, ficar para trás, ser oprimido ou subestimado? Até nos tornarmos pais, simplesmente não sabíamos quanto poderíamos gemer por causa de uma dor que nosso filho sente, ou por causa de um estilo de vida que ele escolhe. Mas todo pai, ou qualquer pessoa que tenha desesperadamente tentado ter filhos, jamais contestaria: "Em meio de dores, darás à luz filhos".

Deus disse a Eva que o desejo dela seria "para o [seu] marido". Nós queremos desejar nosso marido, então inicialmente isso não soa como um problema. E, honestamente, o significado de *desejo* nesse versículo é debatido.[8] Mas parece útil que a mesma palavra seja usada logo no capítulo seguinte e, nas duas vezes, é Deus quem está falando, de modo que podemos antever uma consistência de significado. Quando viramos a página, de Gênesis 3 para Gênesis 4, vemos que Caim, o filho de Adão e Eva, estava com tanta inveja que queria matar seu irmão Abel. O Senhor disse a Caim: "Eis que o pecado jaz à porta; o seu *desejo* será contra ti, mas a ti cumpre dominá-lo" (Gn 4.7). Claramente, o pecado queria controlar Caim; queria dizer-lhe o que fazer, ou seja, matar Abel, seu irmão. Então, isso nos dá uma ideia do que Deus estava dizendo à mulher no capítulo anterior. O pecado por ela cometido a havia mudado, mudado seu marido e, portanto, mudado o relacionamento entre eles. Ela fora criada para estar ao lado dele e ajudá-lo na missão que Deus lhes dera, mas agora a liderança dele na missão será fonte constante de atritos. O pecado deturparia o modo como ele foi criado para liderar. Em vez de, amorosa e graciosamente, abrir o caminho para servirem juntos a Deus, o marido tenderia a uma liderança áspera, autoritária e até mesmo opressora, ou proporcionaria pouca ou nenhuma liderança.

---

8. Achei útil o resumo que Nick Batzig faz dos pontos de vista sobre as possíveis interpretações deste versículo: http://www.reformation21.org/blog/2016/09/desiring-to-rule-over-genesis.php.

Em vez de dominar junto a ela, ele buscaria exercer domínio sobre ela. Em outras palavras, o casamento deles precisaria desesperadamente da graça, assim como todos os casamentos desde então.

Àquela altura, deveria estar claro para Adão e Eva, e certamente está claro para nós, que não estamos mais no paraíso. Contudo, aquela história de amor não termina em absoluto desastre, mas, sim, em esperança. Em meio à maldição, veio uma promessa que os encheu de esperança para o futuro. A promessa de um filho que, um dia, nasceria deles e que esmagaria a cabeça da serpente incutiu em Adão e Eva um senso de expectativa. Eles começaram a aguardar o nascimento de um segundo Adão, que seria um noivo mais fiel do que o primeiro Adão, assim como o nascimento de uma segunda Eva, que seria uma noiva pura, diferente do que Eva havia sido.[9]

E nós estamos em algum lugar no meio dessa magnífica história. Sabemos como é experimentar o desejo que Adão teve no Éden por alguém com quem compartilhar a vida — não uma réplica de nós mesmas ou nosso oposto, mas nosso complemento. E algumas de

---

9. "Dada a interpretação que Paulo faz de Gênesis 2.24, isso logicamente exige que Eva seja um tipo da igreja. [...] Cristo assumiu a obra do mandato de domínio e a está cumprindo com a assistência de sua companheira, sua noiva, a segunda Eva, a Igreja." J. V. Fesko, Last Things First: Unlocking Genesis 1-3 with the Christ of Eschatology (Ross-shire, UK: Christian Focus, 2007), 167-75.

nós conhecemos a sensação de dizer: "Afinal — afinal eu o encontrei!". Mas algumas de nós também sabem como é perder aquele que pensávamos ser "o homem" de nossa vida. Algumas de nós sabem como é estar num casamento que começou cheio de promessas e propósitos, mas, por causa do pecado — dele, dela, nosso —, tornou-se marcado por decepção, conflito e talvez até divórcio. E algumas de nós se perguntam se algum dia terão a chance de dizer: "Afinal!" — se algum dia acharão seu complemento.

Então, o que esse casamento no Éden — na verdade, um casamento que perpassa as Escrituras e chega ao presente — tem a dizer àquelas de nós que ousam esperar que a imensa alegria de um casal apaixonado, expressa no primeiro poema de amor deste mundo, pode ser não apenas restaurada, mas também ultrapassada? Muita coisa. Cada uma de nós é convidada para o "felizes para sempre" desta história.

A noiva amada

Desde que o primeiro casamento deu tão errado, Deus vem executando seu plano de apresentar uma noiva perfeita ao noivo perfeito. Poderíamos dizer que a história do mundo é a história do noivado mais longo que já existiu. Mas nada pode impedir que essas núpcias aconteçam.

E certamente esse casamento é digno de toda a espera. Deus começou chamando um casal longe de ser perfeito, Abraão e Sara, e abençoou o casamento deles com um filho chamado Isaque. Quando chegou o tempo de Isaque ter uma esposa, Abraão não queria que ele se casasse com uma filha dos cananitas. Então, ele enviou seu servo de confiança de volta ao país do qual ele saíra para encontrar uma esposa para seu filho entre sua parentela. Seu servo viajou até a cidade de Naor e, junto a um poço fora da cidade, esperou pela hora do dia em que as mulheres saíam para tirar água. (Suponho que, se você não tem sites de relacionamento, esperar perto do poço é a melhor maneira de sondar potenciais candidatas ao casamento.) Isaque era o filho da promessa, e Deus estava prestes a trazer a noiva dele àquele poço. No fim das contas, Rebeca chegou ao poço. Ela era a moça para ele. Deus trouxera ao poço uma noiva para o filho de Abraão, a fim de que os planos para a cerimônia de casamento pudessem começar.

Isaque e Rebeca tiveram dois filhos, Esaú e Jacó, e chegou o dia em que Jacó viajou àquela mesma terra. Ele estava junto a um poço quando Raquel se aproximou com os rebanhos de seu pai. Gênesis 29 nos diz:

> Tendo visto Jacó a Raquel, filha de Labão, irmão de sua mãe, e as ovelhas de Labão, chegou-se, removeu a pedra da boca do poço e deu de beber

ao rebanho de Labão, irmão de sua mãe. Feito isso, Jacó beijou a Raquel e, erguendo a voz, chorou. (Gn 29.10-11)

Evidentemente, foi amor à primeira vista. Ele estava apaixonado. Há um sentimento de "Afinal!". Mais uma vez, Deus trouxera ao poço uma noiva, dessa vez para Jacó.

Quatrocentos anos depois, vemos que os doze filhos de Jacó foram fecundos, multiplicaram-se e se tornaram um povo de dois milhões de pessoas. Mas eles viviam como escravos no Egito. Moisés quis libertá-los, mas seu plano deu muito errado. Então, ele fugiu do Egito, foi para a terra de Midiã e sentou-se junto a um poço. As sete filhas do sacerdote de Midiã vieram ao poço retirar água para o rebanho de seu pai, mas uma delas, Zípora, encontrou um marido naquele dia. Deus trouxera ao poço uma noiva para Moisés.

Mas essas não eram as únicas noivas no Antigo Testamento. Era Israel, o povo de Deus, que estampava a capa das revistas de noiva por todo o Antigo Testamento. Vemos Deus operar junto ao seu povo, por todo o Antigo Testamento, preparando-o para ser a noiva. Era assim que ele via Israel — como sua noiva: "Porque o teu Criador é o teu marido; o SENHOR dos Exércitos é o seu nome", escreve o profeta Isaías (Is 54.5). Deus libertou sua noiva

Israel e a trouxe ao deserto. Ali, no deserto, ela ficou muito sedenta — tanto física como espiritualmente. Então, Deus abriu-lhe um poço no meio do deserto, provendo-lhe água da rocha para aliviar-lhe a sede. Ele lhe deu um lar e veio habitar com ela naquele lar. Ele a amou e a guiou e cuidou dela. Mas a história de Israel se compunha de uma relação adúltera após a outra. A noiva amada de Deus estava sempre fugindo para os lugares altos, para ter relações sexuais no culto a outros deuses.

A noiva arruinada

Lamentavelmente, o casamento entre Deus e sua noiva Israel, que começara com tantas promessas, deu muito errado. Podemos ouvir o Senhor, por meio do profeta Jeremias, lembrando-se com melancolia de como aquela história de amor com Israel havia começado:

> Assim diz o Senhor:
> Lembro-me de ti, da tua afeição quando eras jovem,
> e do teu amor quando noiva,
> e de como me seguias no deserto,
> numa terra em que se não semeia. (Jr 2.2)

Depois de entrarem na terra, Deus deixou claro que ele queria o coração de Israel: "Amarás, pois, o Senhor, teu Deus, de todo o teu coração, de toda a tua alma e de toda a tua força. [...] Não seguirás outros deuses, nenhum dos deuses dos povos que houver à roda de ti, porque o Senhor, teu Deus, é Deus zeloso no meio de ti" (Dt 6.5, 14-15). Ele também deixou claro que Israel era o objeto de sua afeição:

> Não vos teve o Senhor afeição, nem vos escolheu porque fôsseis mais numerosos do que qualquer povo, pois éreis o menor de todos os povos, mas porque o Senhor vos amava e, para guardar o juramento que fizera a vossos pais, o Senhor vos tirou com mão poderosa e vos resgatou da casa da servidão, do poder de Faraó, rei do Egito. (Dt 7.7-8)

Deus deu à sua noiva um livro de poesia romântica que deveria tê-la ajudado a ver quão belo e agradável ele planejava que fosse o relacionamento deles: o Cântico dos Cânticos de Salomão. Nesse livro de sabedoria, Deus pintou em forma de poesia o retrato de um romance ardente entre um noivo e uma noiva que estão louca e perdidamente apaixonados. Ele fala de um amor que "é tão forte quanto a morte [...]. Suas brasas são fogo ardente, são labaredas do Senhor" (Ct 8.6, NVI). Esse cântico deveria ter atiçado no coração do povo de Deus as chamas de desejo pelo Noivo. Deveria ter enchido Israel de confiante expectativa por um romance absolutamente prazeroso, o que a manteria vigiando e esperando por seu Noivo. Mas ela foi contumaz em sua vida adúltera.

Assim, Deus enviou um profeta chamado Oseias. Ele foi chamado não apenas para confrontar com palavras a esposa adúltera de Deus; em vez disso, seu próprio casamento com uma noiva infiel apresentaria a Israel uma imagem vívida de sua obstinada e perniciosa infidelidade:

> Quando, pela primeira vez, falou o Senhor por intermédio de Oseias, então o Senhor lhe disse: Vai, toma uma mulher de prostituições e terás filhos de prostituição, porque a terra se prostituiu, desviando-se do Senhor. (Os 1.2)

Mas Oseias pôs diante deles mais do que apenas um retrato de seu mau casamento. O incansável amor de Oseias por uma noiva infiel também pôs diante de Israel um retrato do que Deus, como Noivo, pretendia fazer. Depois de Gômer ser consumida por seus amantes e quando estava sendo leiloada para qualquer um que quisesse comprá-la, Oseias ouviu o Senhor lhe dizer: "Vai outra vez, ama uma mulher, amada de seu amigo e adúltera, como o SENHOR ama os filhos de Israel, embora eles olhem para outros deuses". E Oseias relata: "Comprei-a, pois, para mim por quinze peças de prata e um ômer e meio de cevada; e lhe disse: tu esperarás por mim muitos dias; não te prostituirás, nem serás de outro homem; assim também eu esperarei por ti" (Os 3.1-3). Em seu incansável amor redentor por uma noiva indigna e adúltera, Oseias, em seus dias, apresentou ao povo de Deus uma prévia do amor incansável, redentor e santificador de nosso Noivo divino.

Claramente, Deus não havia desistido de sua missão de apresentar uma noiva ao seu Filho. Para dar a Israel a esperança de sua vinda, ele deu ao profeta Isaías a visão de uma futura cerimônia de casamento:

> Nunca mais te chamarão Desamparada,
> nem a tua terra se denominará jamais Desolada;
> mas chamar-te-ão Minha-Delícia;
> e à tua terra, Desposada;
> porque o Senhor se delicia em ti;
> e a tua terra se desposará.
> Porque, como o jovem desposa a donzela,
> assim teus filhos te desposarão a ti;
> como o noivo se alegra da noiva,
> assim de ti se alegrará o teu Deus. (Is 62.4-5)

O profeta estava olhando para o futuro e viu Desamparada encontrar um marido e viver feliz para sempre. É um retrato emocionante. Mas, sinceramente, não era difícil crer que essa noiva arruinada pudesse algum dia tornar-se pura o bastante, ou linda o bastante, para ser aceitável ao seu santo Noivo? O desespero da situação levou muitos a pararem de aguardar por esse santo marido. Em vez disso, eles se acomodaram num relacionamento desapaixonado com Deus, meramente seguindo as formalidades. Eles honravam a Deus com seus lábios, mas seu coração estava distante dele (Mc 7.6).

O noivo

Finalmente, após quatrocentos anos sem nenhuma notícia sobre a cerimônia de casamento, João Batista entrou em cena, apresentando-se como "o amigo do noivo" (Jo 3.29). Na hora marcada, o Noivo chegou. Bem no início de seu ministério, nós o encontramos numa cerimônia de casamento em Caná, na qual havia um grande problema. Naquela época, o noivo era responsável por fornecer vinho para a celebração, mas, naquele casamento específico, o vinho acabara. Felizmente, o Noivo fiel e verdadeiro estava lá, fazendo o que o noivo deveria fazer. Mas aquele Noivo era superior a todos os demais noivos. Jesus transformou água em vinho e forneceu uma bebida tão requintada que os convidados acharam que o outro noivo simplesmente havia deixado o melhor para o final. É como se o escritor do Evangelho desejasse nos mostrar imediatamente quem Jesus de fato é — o verdadeiro Noivo, aquele que o povo de Deus estava aguardando desde que o primeiro noivo, Adão, fracassara tão miseravelmente no Éden.

Logo após esse casamento em Caná, os discípulos de João Batista, preocupados, foram ao mestre, pois o povo estava indo aos discípulos de Jesus para ser batizado, em vez de vir a João. Mas ele respondeu: "O que tem a noiva é o noivo; o amigo do noivo que está presente e o ouve muito se regozija por causa da voz do noivo" (Jo 3.29). João Batista, como o último profeta do Antigo Testamento, sabia que era a voz de seu Noivo que o povo de Deus mais desejara ouvir. Ah, se eles apenas reconhecessem sua voz... Ah, se eles apenas fossem ao seu encontro, enquanto ele lhes abria os braços e o coração...

Mas a verdade é que ele "veio para o que era seu, e os seus não o receberam" (Jo 1.11). Talvez parte do problema tenha sido que aquele Noivo estava interessado em ter uma noiva muito mais exótica e diferente do que aquelas que os judeus haviam previsto. Essa noiva deveria ser formada de pessoas de todas as nações. No capítulo 4 do Evangelho de João, vemos Jesus passar por Samaria (uma gafe para qualquer judeu que se preze) e ir direto ao poço de Jacó. Ali, Jesus encontrou a mais improvável candidata a se unir a ele em casamento.

Ela fora ao poço num horário incomum, pois simplesmente não conseguia encarar todas as outras mulheres da cidade, já que ela provavelmente dormia com o marido de algumas. Sua história era uma lista de casamentos fracassados e, àquela altura, ela estava dormindo com um homem com quem não era casada. Nenhum de seus maridos anteriores tinha sido fiel. Eles apenas a haviam usado, ela os usou, e sua vida se tornou um caos de vergonha e desolação. Mas, então, ela chegou ao poço e conheceu um homem que sabia tudo sobre seu passado e, ainda assim, ofereceu-se a ela, dizendo: "Quem beber desta água tornará a ter sede; aquele, porém, que beber da água que eu lhe der nunca mais terá sede; pelo contrário, a água que eu lhe der será nele uma fonte a jorrar para a vida eterna" (Jo 4.13-14).

Mais uma vez, Deus trouxe ao poço uma noiva. Ela vinha da banda podre da região e com uma história sexual vergonhosa. E ela estava sedenta, muito, muito sedenta. Essa mulher tinha uma sede insaciável de ser amada, de encontrar satisfação além de um instante de prazer, de ser acolhida, cuidada e estimada. A princípio, ela achou que Jesus era um profeta. Mas ela e muitos outros samaritanos em sua cidade acabaram por reconhecer que ele era o Salvador do mundo, o segundo Adão, o fiel e verdadeiro Noivo, e que ele estava convidando-os — sim, a eles, que não vinham de família nobre, que tinham um passado duvidoso, que acharam que nunca poderiam vestir-se de branco — para se unir a ele num casamento que duraria para sempre.

Talvez esse casamento eterno fosse o que Jesus tinha em mente quando os saduceus vieram a ele com a questão relativa a uma mulher que fora casada sete vezes ao longo da vida: quem seria o marido dela na ressurreição? A resposta de Jesus foi que eles não compreendiam as Escrituras nem o poder de Deus, pois, "na ressurreição, nem casam, nem se dão em casamento; são, porém, como os anjos no céu" (Mt 22.30).

Para algumas de nós, a ideia de que não seremos casadas com a pessoa a quem tanto amamos nesta vida não parece estar certa. Mas, obviamente, o casamento tal como o conhecemos é peculiar a esta era. Isso não significa, porém, que não haverá relações intensas na era por vir. Na verdade, nossos relacionamentos com aqueles a quem amamos serão aprofundados, pois o pecado não mais contaminará nem inibirá nossos vínculos uns com os outros. John Piper escreve: "Não haverá casamento lá. Mas o que o casamento representava estará lá. E o prazer do casamento, elevado à milionésima potência, estará lá".[10] O céu será rico em relacionamentos — uns com os outros e com aquele a quem mais amamos: nosso glorioso

---

10. John Piper, *Casamento temporário: Uma parábola de permanência*, 2ª ed. (São Paulo: Cultura Cristã, 2013).

Noivo. Em certo sentido, todas estaremos casadas — e com o mesmo Noivo! A sombra do temporário casamento humano dará lugar à substância — o eterno casamento entre Cristo e sua noiva. E esse será o casamento mais feliz de todos os tempos.

Nós o amaremos porque ele nos amou primeiro. De fato, nenhum noivo jamais amou ou amará sua noiva como Cristo nos amou:

> Cristo amou a igreja e a si mesmo se entregou por ela, para que a santificasse, tendo-a purificado por meio da lavagem de água pela palavra, para a apresentar a si mesmo igreja gloriosa, sem mácula, nem ruga, nem coisa semelhante, porém santa e sem defeito. (Ef 5.25-27)

Oh, minhas amigas, nós fomos, somos e seremos eternamente muito amadas por nosso Noivo! Como o amor do noivo em Cântico dos Cânticos, o amor de nosso Noivo é "forte como a morte", até a morte de cruz. Como o noivo Oseias, nosso Noivo pagou o preço para redimir sua noiva da escravidão ao pecado e está, neste momento, santificando-nos para si mesmo. Um dia, esse processo de santificação será completo. Aquele que começou boa obra em nós é fiel para completá-la até o dia de Cristo Jesus (Fp 1.6). Seremos a noiva mais linda que já olhou nos olhos de seu noivo.

A linda noiva

Deus está trazendo uma noiva para seu Filho, o segundo Adão, e apresentando-a a ele. Um dia, vamos acordar de um dos melhores cochilos para sermos parte do maior de todos os presentes, para festejarmos no mais rico banquete, para contemplarmos o mais amável noivo, para desfrutarmos o melhor casamento de todos os tempos — um casamento que durará eternamente. Deus nos apresentará como noiva ao nosso Noivo. O apóstolo João recebeu uma prévia do dia de nosso casamento:

> Vi novo céu e nova terra, pois o primeiro céu e a primeira terra passaram, e o mar já não existe. Vi também a cidade santa, a nova Jerusalém, que descia do céu, da parte de Deus, ataviada como noiva adornada para o seu esposo.
> (Ap 21.1-2)

Imagino o noivo naquele dia, com os olhos fixos em sua noiva, sem conseguir conter o grito que o primeiro Adão deu ao ver sua noiva pela primeira vez: "Afinal!". Afinal, estaremos todas para sempre onde deveríamos estar. Afinal, a maldição que trouxe tanta dor e conflito aos nossos casamentos terrenos terá desaparecido para sempre. Afinal, estaremos juntos eternamente. "Eis o tabernáculo de Deus com os homens. Deus habitará com eles. Eles serão povos de Deus, e Deus mesmo estará com eles" (Ap 21.3). A separação se foi, a alienação se foi.

Tal casamento será muito melhor que o casamento de Adão e Eva no Éden. Nosso noivo, o segundo Adão, não falhará em nos guiar até o banquete da árvore da vida. Ele não falhará em nos proteger do mal. Ele não vai dominar-nos, abusar de nós ou nos ignorar. Ele não nos abandonará. Ele não morrerá. Seu amor nos satisfará para sempre num lar ainda melhor que o Éden.

Nenhum casamento humano, por melhor que seja, pode atender ao peso de nossas expectativas pela satisfação plena e pela harmonia e a intimidade perfeitas que apenas esse casamento definitivo e eterno pode nos proporcionar. Depois que dois pecadores dizem "Sim", sempre há ao menos um pouquinho de "O que foi que eu fiz?". Mas nossos casamentos menos que perfeitos, ou nosso desejo de nos casar, podem servir para aguçar nosso apetite pela chegada desse casamento perfeito. Quer sejamos casadas ou solteiras, divorciadas ou viúvas, devemos dedicar nossa vida a nutrir a expectativa por esse casamento superior. E, um dia, essa expectativa será satisfeita. Não abafe seu desejo de ser amada dessa maneira; *direcione seu desejo* para o único que pode amá-la dessa maneira para sempre.

Não pense que a demora do Noivo em vir significa que ele não virá afinal. Não seja como as cinco virgens que estavam despreparadas. A parábola do noivo e das dez virgens termina de uma maneira que pode parecer incômoda, até mesmo ofensiva, para algumas de nós:

> Chegou o noivo, e as que estavam apercebidas entraram com ele para as bodas; e fechou-se a porta. Mais tarde, chegaram as virgens néscias, clamando: Senhor, senhor, abre-nos a porta! Mas ele respondeu: Em verdade vos digo que não vos conheço. (Mt 25.10-12)

Talvez isso pareça insensível. Talvez, ao ler, você pense: *um Deus de amor jamais faria isso*. Mas, exatamente por ser um Deus de amor, é que fará isso, ele enviou Jesus para nos advertir.

Exatamente por ser um Deus de amor, ele nos deu sua Palavra, que termina com um convite aberto para que todos venham à festa de casamento mais cara e extravagante de todos os tempos. No último capítulo da Bíblia, nós lemos: "O Espírito e a noiva dizem: Vem! Aquele que ouve, diga: Vem! Aquele que tem sede venha, e quem quiser receba de graça a água da vida" (Ap 22.17). O Espírito e a noiva estão convidando todos para virem a esse poço de águas vivas, o próprio Cristo. Agora mesmo, Deus está operando nesse poço, arranjando e preparando uma linda noiva para seu Filho amado. O Espírito Santo, falando pela Palavra de

Deus, está lhe dizendo: "Vem!". Todos aqueles que já foram preparados para o casamento estão dizendo: "Vem!". Diga sim a esse vestido ideal. Diga sim a esse Noivo.

Quase na última linha do último livro da Bíblia, podemos ouvir nosso Noivo sussurrando palavras de esperança aos nossos ouvidos: "Aquele que dá testemunho destas coisas diz: Certamente, venho sem demora" (Ap 22.20). E nós dizemos em resposta: "Vem depressa, Senhor Jesus!".

Naquele dia, quando ele vier, imagino que nosso lindo romance ainda se expressará melhor em verso e poesia. Talvez tomemos emprestadas as palavras de Cântico dos Cânticos, a mais sublime canção de amor já escrita, ao olharmos no rosto de nosso noivo glorioso e dizermos com radiante alegria e um sentimento de alívio: "Eu sou do meu amado, e o meu amado é meu". Vamos dançar! (ver Ct 6.3).

> Da Igreja, o fundamento
> É Cristo, o Salvador!
> Em seu poder descansa
> E é forte em seu amor
> Pra ser sua noiva amada
> Do céu ele desceu;
> E para dar-lhe vida
> Seu sangue ele verteu.[11]

---

11. S. J. Stone, "*A pedra fundamental*", Hinário Novo Cântico nº 298. [Modificado para se aproximar da versão original citada pela autora (N.T.)].

6

A história do *Sabbath*

Não lembro qual era o assunto sobre o qual falávamos na escola dominical e que, certa manhã, nos levou a verdadeiras confissões acerca de dar presentes, ou, no meu caso, de repassar presentes. Mas, por alguma razão desconhecida, resolvi contar àqueles irmãos (e, agora, estou prestes a contar ao mundo!) minha experiência mais constrangedora ao repassar um presente. Parece-me que, quando as pessoas se casam, sempre há um ou dois novos utensílios de cozinha ou produtos da moda que são presenteados mais de uma vez. É óbvio que, quando me casei, o item da moda era a cafeteira de bombear (uma garrafa térmica enorme, com uma bomba de sucção, similar à que usam para servir café no Panera Bread).[1] David e eu ganhamos três delas. E eu nem bebo café! Então, quando uma colega de quarto se casou, poucos meses depois, peguei a melhor que eu havia ganhado e lhe dei de presente. Tudo parecia bem até eu receber dela um cartão de agradecimento que dizia: "Segue de volta o cartão de presente escrito para você e que estava dentro da cafeteira".

Ainda me sinto constrangida.

Mas, naquele domingo de manhã, minha amiga Bari tinha uma história melhor que a minha. Depois que seu primeiro filho nasceu, ela desembrulhou um presente de uma amiga e viu uma caixa de perfume — ou foi o que ela achou que era. Obviamente, ela sabia que não podia usar aquele perfume em seu recém-nascido, que tinha de cheirar a Johnson & Johnson. Então, ela guardou a caixa fechada na estante, planejando usar o perfume em si mesma em algum momento. Ela escreveu um bilhete de agradecimento à amiga que lhe dera o presente, elogiando as qualidades do perfume, dizendo como o bebê tinha ficado cheiroso com ele etc. Quando a amiga recebeu o bilhete, ligou para Bari e sugeriu que ela abrisse a caixa. E, quando ela abriu, não havia perfume dentro.

---

1. A Panera Bread é uma rede americana de padarias que se assemelham a cafeterias, local em que se toma um bom café da manhã ou se faz uma refeição ligeira. (N.T.)

A amiga havia usado a caixa para embrulhar uma linda caixinha de música branca acetinada. À primeira vista, Bari havia concluído que o presente não era algo de que seu bebê precisasse, mas, quando ela abriu a caixa, e se apropriou do presente, aquilo acabou trazendo grande deleite a ela e à sua criança.

Neste capítulo, vamos falar sobre um presente — um presente sobre o qual, a princípio, poderíamos pensar: *Isto não é para mim. Isto não é algo que eu quero. Isto não vai acrescentar nada à minha vida.* Mas, quando abrimos e nos apropriamos dele, descobrimos que ele enche nossa vida com um profundo senso de significado; ele nos dá perspectiva, nos inunda de esperança e produz verdadeira alegria. Quem não desejaria ganhar isso? Deus tem um presente que deseja dar e que pode preencher aquele lugar temível com um sólido senso de confiança em sua provisão. Esse presente é pensado para servir semanalmente como uma correção de rota, a fim de podermos ver com mais clareza para onde estamos caminhando e o que nos espera lá. Abrir esse presente e apropriar-se dele podem conferir à nossa vida um ritmo repousante.

Deus nos deu um dia como presente — um dia diferente de todos os demais dias da semana — para nos afastarmos da mesa deste mundo, que nos farta com seus entretenimentos e tecnologias e nos sobrecarrega com suas expectativas e compromissos. Esse presente nos convida, em vez disso, a tomarmos assento à mesa na qual o próprio Deus quer nos encher de si mesmo e tomar sobre si tudo aquilo que nos sobrecarrega.

Contudo, sejamos honestas: muitas de nós ficamos um pouco nervosas quando surge o assunto do Dia do Senhor ou sábado cristão, pois temos medo de estar usando o dia de Deus de um modo que não deveríamos usar e, na verdade, nossa vontade é continuar usando-o daquele modo. Em outras palavras, não enxergamos aquilo que Deus estabeleceu diante de nós — a guarda de um dia em sete como um dia santificado a ele — como um presente, mas, sim, como uma restrição. Achamos que tudo o que fizermos para restringir o modo como usamos esse dia vai subtrair algo de nossa vida, que ela se tornará menos prazerosa, menos satisfatória, menos estimulante e, honestamente, muito menos interessante do que gostaríamos. Passamos a vê-lo como *nosso* dia, e não como o dia *dele*. Estamos contentes por lhe dar cerca de noventa minutos desse dia, ou talvez até três horas se formos tanto para o culto como para a escola dominical ou o pequeno grupo, mas muitas vezes nos pegamos olhando para o relógio, pois queremos começar a fazer o que realmente queremos fazer — assistir ao jogo, tirar um cochilo, trabalhar num projeto, ver TV, planejar a semana que começa. Há uma voz dentro de nós que diz: "Este é o tempo que tenho para fazer o que *eu* quero". Contudo, aquele que criou o tempo pretende que esse mesmo tempo dê testemunho de *seus* propósitos ao mundo e ao seu povo.

Algumas de nós passamos a ver como legalismo qualquer tipo de restrição sobre o que fazemos ou não fazemos deste dia, e certamente não queremos ser legalistas. Então, não estabelecemos restrição alguma. Não fazemos preparação. E, embora não estejamos dispostas a fazer nada de mau ou indecente nesse dia, a verdade é que nosso dia se parece muito com o de nosso vizinho incrédulo, exceto, talvez, por uma ou duas horas que passamos na igreja.

Então, se vamos mudar, ou se seremos convencidas de que ao menos precisamos mudar, temos de compreender primeiro por que Deus estabeleceu um dia em sete para ser separado para ele. Talvez, se tivermos um melhor entendimento da razão pela qual ele quis nos dar esse dia como um presente, estaremos dispostas a abrir mão de usá-lo do nosso jeito. Até lá, qualquer sugestão de separar um dia para santificá-lo parecerá legalismo ou puro tradicionalismo.

A promessa do descanso no Éden

Quando lemos sobre a criação do mundo em Gênesis 1, um padrão se desenvolve. Seis vezes lemos: "Houve tarde e manhã, o _____ dia". Mas, quando chegamos ao sétimo dia, algo está faltando. Lemos:

> E, havendo Deus terminado no dia sétimo a sua obra, que fizera, descansou nesse dia de toda a sua obra que tinha feito. E abençoou Deus o dia sétimo e o santificou; porque nele descansou de toda a obra que, como Criador, fizera. (Gn 2.2-3)

Não há "tarde e manhã, o sétimo dia". Chad Bird escreve: "É como se esse dia nunca terminasse, como se esperasse que algo — ou alguém — viesse encerrá-lo".[2]

Deus terminou sua obra de criação e, então, descansou. O Pai havia concluído sua obra, mas Adão, não. Adão recebera um trabalho para realizar no Éden. Ele deveria (1) encher a terra com uma descendência à imagem de Deus; (2) sujeitar a terra, estendendo o jardim cultivado para além dos limites do Éden; e (3) exercer domínio sobre a criação, guardando-a do mal. Mas essa tarefa não era ilimitada. Havia um fim, um objetivo. Houvesse Adão se dedicado ao trabalho, o dia de sua conclusão teria chegado.[3] Ele, como Deus, teria sido capaz de dizer: "Está consumado. Completei a obra que me deste para fazer". E Deus teria

---

2. Chad Bird, "The Missing Verse in the Creation Account", http://www.chadbird.com/blog/2015/08/28/the-missing-verse-in-the-creation-account.

3. "O próprio trabalho de Deus em seis dias e seu descanso no sétimo dia indicam que Adão deveria imitar esse padrão em seu próprio trabalho. Não se sabe quanto tempo esse trabalho levaria." J. V. Fesko, *Last Things First: Unlocking Genesis 1-3 with the Christ of Eschatology* (Ross-shire, UK: Christian Focus, 2007), 102.

dito a Adão e Eva e a toda a sua posteridade: "Muito bem, servos bons e fiéis; fostes fiéis no pouco, sobre o muito vos colocarei; entrai no gozo do vosso senhor" (cf. Mt 25.21).

Ao descansar de sua obra de criação após terminá-la, Deus estava pondo diante de Adão uma expectativa para quando ele terminasse seu próprio trabalho de sujeitar a terra, dominá-la e enchê-la de portadores da imagem de Deus.[4] Havia uma promessa implícita: "Trabalhe, então você descansará comigo". Para se manter direcionado a esse alvo e evitar perder de vista o descanso prometido, Adão deveria imitar o padrão divino de trabalhar seis dias e descansar no sétimo.[5] Não sabemos quanto duraria esse

---

4. "Esse descanso de consumação foi introduzido na vida do homem para lhe mostrar sua meta. O sábado era um sinal escatológico até mesmo para o homem antes da Queda, pois seu significado repousa na relação entre o homem e Deus. É importante notar isso, pois serve de testemunho para o elemento fundamental da escatologia na religião. A escatologia é da essência da verdadeira religião, como se vê de sua existência anterior à redenção." Geerhardus Vos, *The Eschatology of the Old Testament* (Phillipsburg, NJ: P&R, 2001), 75.

5. "É desconhecida a relação exata entre a árvore da vida, o trabalho de Adão e o descanso escatológico do sétimo dia. É possível supor que Adão teria desempenhado seus labores na expectativa de terminar sua obra e entrar no eterno sétimo dia do descanso de Deus." Ibid., 184. Ainda: "Embora não se diga explicitamente a Adão para imitar Deus ao descansar no sétimo dia de cada semana, muitos enxergaram em Gênesis 2.3 um mandato criacional para que a humanidade descansasse no sétimo dia de cada semana. [...] Não era de se esperar que Adão, criado à imagem de Deus, refletisse o propósito divino de descansar ao final do processo criativo, uma vez que ele claramente deveria refletir as duas primeiras atividades criativas que conduzem àquele propósito?" Greg Beale, *Teologia bíblica do Novo Testamento: A continuidade teológica do Antigo Testamento no Novo* (São Paulo: Vida Nova, 2018).

padrão de trabalho e descanso até Adão completar sua obra e entrar num descanso sabático permanente.[6] Mas vemos que, no princípio, o Éden não era como fora planejado para ser eternamente. Mesmo no Éden, a história estava rumando numa direção. Estava rumando para um descanso eterno e plenamente satisfatório na presença de Deus. Houvesse Adão obedecido e completado a obra, ele teria conduzido toda a humanidade a esse descanso. Mas, é claro, Adão falhou no trabalho que havia recebido para fazer. Ele não exerceu domínio sobre a serpente maligna ou sobre seus próprios apetites. Então, em vez de nos guiar ao descanso, Adão nos mergulhou na inquietude inerente a um mundo corrompido pelo pecado.

Só havia uma maneira de o povo de Deus entrar naquele descanso eterno que Deus havia planejado para seu povo. Era necessário haver outro Adão, outro representante do povo de Deus, para completar a obra.[7]

---

6. "Adão tinha a responsabilidade de cumprir suas obrigações pactuais, após as quais ele entraria num descanso sabático permanente. O teste terminaria, a morte já não seria uma possibilidade, posse non mori, e Adão descansaria de seus deveres como vice-regente sobre a criação, uma vez que a terra estivesse cheia da imagem e da glória de Deus." Fesko, Last Things First, 103. Ainda: "Houvesse sido bem-sucedido em seu teste, então o sábado sacramental teria avançado para a realidade que ele tipificava; e todo o subsequente curso da história da raça teria sido radicalmente diferente." Geerhardus Vos, Teologia bíblica: Antigo e Novo Testamentos, 2ª ed. (São Paulo: Cultura Cristã, 2010).

7. "O trabalho que resultaria no descanso já não pode mais ser obra do próprio homem. Torna-se o trabalho de Cristo." Vos, Biblical Theology, 141.

Quando Adão e Eva tiveram seu filho Caim, Eva celebrou, dizendo: "Adquiri um varão com o auxílio do SENHOR" (Gn 4.1). Ela deve ter esperado que aquele filho fosse o descendente prometido que iria conduzi-los ao descanso. Mas ele era tão inquieto, tão incapaz de dominar até a si mesmo — que dirá a criação! —, que matou seu irmão Abel. Ainda não havia descanso. Algumas gerações adiante, quando Lameque gerou um filho, ele "pôs-lhe o nome de Noé, dizendo: Este nos consolará dos nossos trabalhos e das fadigas de nossas mãos" (Gn 5.29). Quem sabe Noé seria aquele que conduziria o povo de Deus ao descanso.

Quando Noé saiu da arca para a nova criação, Deus lhe designou o mesmo trabalho que Adão havia recebido para fazer na primeira criação:

> Abençoou Deus a Noé e a seus filhos e lhes disse: Sede fecundos, multiplicai-vos e enchei a terra. Pavor e medo de vós virão sobre todos os animais da terra e sobre todas as aves dos céus; tudo o que se move sobre a terra e todos os peixes do mar nas vossas mãos serão entregues. (Gn 9.1-2)

Fecundidade e multiplicação, senhorio e domínio. Mas, apenas uns poucos versículos depois desta passagem que detalha o trabalho atribuído a Noé, encontramos o registro de seu fracasso em realizá-lo. Aqui, o problema não foi comer o fruto de uma árvore, mas beber o fruto de uma vinha e embriagar-se. Outro fracasso que conduziu a uma nudez vergonhosa. Outro fracasso em sujeitar a terra e dominar a criação. Ainda não havia descanso.

Algumas gerações depois, quando Deus apareceu a Abraão, ficou claro que o propósito original de Deus para Adão, no Éden, ainda estava em jogo. Mas, em vez de promulgar um mandamento, Deus deu a Abraão uma promessa. Em vez de ordenar que ele fosse fecundo, Deus prometeu fazê-lo fecundo. Sua descendência seria tão numerosa quanto a areia da praia ou quanto as estrelas no céu. Em vez de ordenar que ele exercesse domínio sobre a natureza, Deus prometeu dar-lhe a terra de Canaã em possessão e sujeitar os inimigos que lá havia.

O lembrete do descanso no deserto

Ao lermos no primeiro capítulo de Êxodo que "os filhos de Israel foram fecundos, e aumentaram muito, e se multiplicaram" (v. 7), fica evidente que, de fato, Deus havia tornado fecundos os descendentes de Abraão. Mas eles certamente não estavam no descanso. Eles eram escravos, provavelmente trabalhando sete dias por semana para o faraó egípcio. Assim, quando eles saíram do Egito, atravessaram o mar Vermelho e, imediatamente, receberam o mandamento de guardar o sábado, aquilo deve ter-lhes parecido um grande presente (Êx 16.22-30). Posteriormente, Moisés desceu do monte Sinai trazendo duas tábuas de pedra que diziam ao povo de Deus como eles deveriam viver ao se estabelecerem na terra que Deus lhes estava dando. Naquelas tábuas de pedra, estava inscrito o seguinte mandamento:

> Lembra-te do dia de sábado, para o santificar. Seis dias trabalharás e farás toda a tua obra. Mas o sétimo dia é o sábado do SENHOR, teu Deus; não farás nenhum trabalho, nem tu, nem o teu filho, nem a tua filha, nem o teu servo, nem a tua serva, nem o teu animal, nem o forasteiro das tuas portas para dentro; porque, em seis dias, fez o SENHOR os céus e a terra, o mar e tudo o que neles há e, ao sétimo dia, descansou; por isso, o SENHOR abençoou o dia de sábado e o santificou. (Êx 20.8-11)

O sábado semanal destinava-se a refrescar a memória coletiva de Israel quanto à suficiência e à provisão de Deus no passado e quanto à sua promessa no que diz respeito ao futuro. Eles deveriam lembrar-se de seu trabalho na criação, bem como de seu trabalho na redenção. O sábado serviria como um sinal constante do relacionamento amoroso entre Deus e seu povo. Antes de Moisés descer do monte com as tábuas, Deus reiterou o mandamento: "Tu, pois, falarás aos filhos de Israel e lhes dirás: Certamente, guardareis os meus sábados; pois é sinal entre mim e vós nas vossas gerações; para que saibais que eu sou o SENHOR, *que vos santifica*" (Êx 31.13). A guarda do sábado separaria o povo de Deus como um povo tão bem cuidado por seu Deus a ponto de poder tirar um dia de descanso. O sábado os separaria como um povo que tinha uma expectativa diante de si: um descanso eterno e todo abrangente na presença do único Deus verdadeiro.

Não era apenas seu ritmo semanal que deveria ser moldado pelo sábado. Todo o seu tempo, bem como todo o seu sistema socioeconômico, deveria tomar essa forma (veja Lv 23 e 25). A cada sete anos, a terra teria seu descanso. Não haveria semeadura nem colheita. Deus prometeu proporcionar no sexto ano uma colheita suficiente para três anos, a fim de que eles pudessem dar descanso à terra, mas também contar com o estoque de alimento necessário. Desse modo, eles seriam lembrados da terra superior que Deus estava preparando e da provisão que Deus estava fazendo para o descanso deles.

A cada sete anos, deveria haver um ano sabático. Durante tal ano, eles deveriam perdoar uns aos outros as dívidas contraídas nos últimos seis anos (Dt 15.1). Assim, eles seriam lembrados da liberdade e do perdão que desfrutariam no descanso vindouro. Então, a cada sete vezes sete anos, haveria o Ano do Jubileu. Naquele período, toda propriedade perdida ou vendida retornaria à tribo ou ao clã a quem Josué, originalmente, a houvesse concedido quando eles entraram na Terra Prometida. Assim, eles seriam constantemente lembrados de que Deus seria fiel em preservar a herança deles, não apenas a Terra Prometida de Canaã, mas também a terra prometida final, o novo céu e a nova terra, onde eles experimentariam o descanso definitivo e eterno. Deus conduziu seu povo à Terra Prometida de Canaã com a promessa de que eles seriam fecundos, sujeitariam o reino animal e exerceriam domínio:

> Estabelecerei paz na terra; deitar-vos-eis, e não haverá quem vos espante; farei cessar os animais nocivos da terra, e pela vossa terra não passará espada. Perseguireis os vossos inimigos, e cairão à espada diante de vós. Cinco de vós perseguirão a cem, e cem dentre vós perseguirão a dez mil; e os vossos inimigos cairão à espada diante de vós. Para vós outros olharei, e vos farei fecundos, e vos multiplicarei, e confirmarei a minha aliança convosco. (Lv 26.6-9)

Talvez Israel, como o filho primogênito de Deus, coletivamente realizasse o trabalho que Adão falhara em realizar.

Talvez Israel habitasse nessa terra paradisíaca, adorando e servindo a Deus, multiplicando a imagem de Deus e seu culto por toda a terra, e, havendo completado seu trabalho, entrasse no eterno descanso sabático de Deus.[8] Talvez o presente do descanso, dado no sábado, mantivesse, diante de seus olhos e bem junto ao seu coração, um senso do significado e do propósito de sua vida.

Ou talvez não.

A ruína do descanso em Canaã

Anos depois, ouvimos o Senhor dizer ao seu povo por meio do profeta Ezequiel:

> Também lhes dei os meus sábados, para servirem de sinal entre mim e eles, para que soubessem que eu sou o Senhor que os santifica. Mas a casa de Israel se rebelou contra mim no deserto, não andando nos meus estatutos e rejeitando os meus juízos, os quais, cumprindo-os o homem, viverá por eles; e profanaram grandemente os meus sábados. (Ez 20.12-13)

---

8. "Israel deveria habitar nessa cidade-jardim, adorar e servir a Deus, multiplicar a imagem de Deus e adorá-lo por toda a terra, e, uma vez terminado seu trabalho, entrar no eterno descanso sabático de Deus." Fesko, *Last Things First*, 127-28.

O dia que Deus santificara, eles haviam tornado comum, até mesmo imundo, por causa das trevas de seu coração. O Senhor, então, disse por meio do profeta Amós:

> Ouvi isto, vós que tendes gana contra o necessitado
> e destruís os miseráveis da terra, dizendo:
> Quando passará a Festa da Lua Nova, para vendermos os cereais?
> E o sábado, para abrirmos os celeiros de trigo, diminuindo o efa, e aumentando o siclo, e procedendo dolosamente com balanças enganadoras, para comprarmos os pobres por dinheiro e os necessitados por um par de sandálias e vendermos o refugo do trigo?
> Jurou o Senhor pela glória de Jacó:
> Eu não me esquecerei de todas as suas obras, para sempre!
> Por causa disto, não estremecerá a terra?
> E não se enlutará todo aquele que habita nela?
> (Am 8.4-8)

Deus lhes dera o sábado para que esse presente generoso os tornasse generosos uns para com os outros, mas, em vez disso, eles usaram até o sábado para tirar vantagem uns dos outros. Eles não enxergaram o sábado como um presente. Eles o viam como um fardo. Em vez de permitirem que o sábado moldasse sua vida e suas esperanças, em vez de usarem o dia para cultivar um relacionamento amoroso com Deus, eles o repeliram com sua crueldade e hipocrisia. Tanto assim que o profeta Isaías falou em nome de Deus, dizendo:

> Não continueis a trazer ofertas vãs;
> o incenso é para mim abominação,
> e também as Festas da Lua Nova,
> os sábados e a convocação das congregações;
> não posso suportar iniquidade associada
> ao ajuntamento solene.
> As vossas Festas da Lua Nova e as vossas solenidades, a minha alma as aborrece;
> já me são pesadas; estou cansado de as sofrer.
> (Is 1.13-14)

Deus lhes dera um presente, e o que eles fizeram com o presente foi-lhe uma ofensa, um peso. Não há registro de que o povo de Deus jamais tenha dado à terra descanso a cada sete anos, como foram instruídos a fazer, então Deus deu descanso à terra. Como? O cronista diz:

> Os que escaparam da espada, a esses levou ele para a Babilônia, onde se tornaram seus servos e de seus filhos, até ao tempo do reino da Pérsia;

> para que se cumprisse a palavra do SENHOR, por boca de Jeremias, até que a terra se agradasse dos seus sábados; todos os dias da desolação repousou, até que os setenta anos se cumpriram.
> (2Cr 36.20-21)

Após aqueles setenta anos, chegou o dia em que o povo de Deus retornou do exílio na Babilônia e, sob a liderança de Neemias, renovou seu compromisso de guardar o sábado. Eles votaram: "Quando os povos vizinhos trouxerem mercadorias ou cereal para vender em dia de sábado ou de festa, não compraremos deles nesses dias. Cada sete anos abriremos mão de trabalhar a terra e cancelaremos todas as dívidas" (Ne 10.31, NVI). Porém, pouco tempo depois, Neemias retornou a Jerusalém, após uma breve ausência, e fez esta exasperada observação:

> Naqueles dias, vi em Judá os que pisavam lagares ao sábado e traziam trigo que carregavam sobre jumentos; como também vinho, uvas e figos e toda sorte de cargas, que traziam a Jerusalém no dia de sábado; e protestei contra eles por venderem mantimentos neste dia. Também habitavam em Jerusalém tírios que traziam peixes e toda sorte de mercadorias, que no sábado vendiam aos filhos de Judá e em Jerusalém. (Ne 13.15-16)

Embora, repetidas vezes, Israel falhasse em guardar o sábado como Deus havia ordenado, um dia seus líderes tentaram remediar o problema. Mas eles não fizeram isso com os corações voltados para Deus em alegre obediência; em vez disso, eles cobriram o sábado com regras adicionais. Destituído de amor a Deus, o legalismo roubou do sábado seus propósito e significado originais, tornando-o um fardo, em vez de um presente. Claramente, se o povo de Deus tinha alguma esperança de entrar no descanso de Deus, era necessário haver um segundo Adão, um verdadeiro Israel, para realizar a obra que Adão e Israel falharam em realizar e conduzir a humanidade ao descanso que eles haviam falhado em alcançar.

A revelação do descanso em Jesus

Jesus veio a este mundo apresentando um convite pessoal para a entrada no descanso de Deus: "Vinde a mim, todos os que estais cansados e sobrecarregados, e eu vos aliviarei" (Mt 11.28). Jesus deixou claro que o descanso de Deus não é alcançado por nosso trabalho, mas pelo dele. Agora, nosso trabalho é pôr nossa fé e confiança no trabalho dele. "A obra de Deus é esta", disse Jesus, "que creiais naquele que por ele foi enviado" (Jo 6.29).

Jesus foi fecundo e multiplicou-se, convocando Simão e André: "Vinde após mim, e eu vos farei pescadores de homens". Jesus sujeitou a terra para que obedecesse às suas ordens. Ele disse a dois pescadores exaustos que lançassem suas redes e elas se encheram de tantos peixes que se rompiam (Lc 5.5-6). Ele "repreendeu o vento e disse ao mar: Acalma-te, emudece! O vento se aquietou, e fez-se grande bonança" (Mc 4.39). Jesus exerceu domínio sobre o mal, recusando-se a permitir que Satanás distorcesse ou deturpasse a palavra de Deus, expulsando, repetidas vezes, demônios daqueles que estavam sob opressão demoníaca.

Enquanto Adão se escondeu de Deus, envergonhado por seu fracasso, Jesus foi capaz de dizer ao seu Pai: "Eu te glorifiquei na terra, consumando a obra que me confiaste para fazer" (Jo 17.4). Obviamente, a maior obra que Cristo realizou ocorreu enquanto ele estava pendurado numa cruz romana. Aquilo não parecia muito fecundo; não parecia que ele estivesse sujeitando a terra; não parecia que ele estivesse exercendo domínio. Parecia que seus esforços haviam sido inúteis, que ele estava sendo subjugado, que a descendência da serpente havia vencido. Aquele que prometera descanso experimentou, na cruz, a maior inquietude jamais conhecida pelos homens, a inquietude que eu e você merecemos suportar eternamente. Ali na cruz, ele clamou: "Deus meu, Deus meu, por que me desamparaste?" (Mt 27.46), que é também a primeira linha do Salmo 22. É como se Jesus estivesse dizendo: "O Salmo 22 está se cumprindo aqui". Se ele houvesse continuado a declarar as palavras do salmo, teria dito:

> *Deus meu, Deus meu, por que me desamparaste?*
> Por que se acham longe de minha salvação as palavras de meu bramido?
> Deus meu, clamo de dia, e não me respondes; também de noite, porém não tenho sossego.
> (Sl 22.1-2)

Era o sexto dia da semana quando Jesus bradou da cruz: "Está consumado!" (Jo 19.30). O trabalho estava feito. Na cruz, Jesus realizou seu trabalho mais fecundo ou frutífero, a salvação de todos os que creem; ele sujeitou a terra de tal modo que ela tremeu em reação. Ao cancelar o escrito de dívida que era contra nós e que constava de ordenanças, encravando-o na cruz, Jesus exerceu seu domínio. "Despojando os principados e as potestades, publicamente os expôs ao desprezo, triunfando deles na cruz" (Cl 2.15). Jesus foi posto no sepulcro e, então, houve um dia de descanso, um sábado. "Havendo trabalhado até à morte, Jesus descansou de seus labores."⁹ Então, veio o primeiro dia da semana, o primeiro dia da nova criação, o dia em que Jesus ressuscitou dentre os mortos.¹⁰

Antes de ascender à destra de Deus, Jesus comissionou seus discípulos a continuar o trabalho de serem fecundos e se multiplicarem, de sujeitarem a terra e de exercerem domínio:

> Toda a autoridade me foi dada no céu e na terra. Ide, portanto, fazei discípulos de todas as nações, batizando-os em nome do Pai, e do Filho, e do Espírito Santo; ensinando-os a guardar todas as coisas que vos tenho ordenado. E eis que estou convosco todos os dias até à consumação do século. (Mt 28.18-20)

Uma vez que essa fecundidade e essa multiplicação vêm por meio da proclamação e da aceitação do evangelho, e não pelo nascimento natural, até mesmo aqueles que não têm filhos biológicos, como Paulo, podem orgulhar-se de ter muitos filhos.¹¹ Por causa do tra-

---

9. Bird, "*The Missing Verse in the Creation Account*."

10. Ver Mateus 28.1; Marcos 16.2; Lucas 24.1; João 20.1.

11. Ver 1 Coríntios 4.14; 7.8; Gálatas 4.19; 1 Timóteo 1.2; 2 Timóteo 1.2; Filemom 10; Tito 1.4.

balho do segundo Adão, Cristo, levado a cabo por sua noiva, a igreja, a nova terra um dia se encherá de sua descendência, que terá sido completamente conformada à sua semelhança, um povo redimido por Deus de toda tribo, língua, povo e nação (Ap 5.9; 7.9).

O descanso remanescente

Então, diante disso, como fica a guarda do sábado? Para ser honesta, bons teólogos têm visões distintas a respeito.[12] Em nenhum lugar do Novo Testamento, somos explicitamente ordenadas a honrar o sábado. Na verdade, há algumas passagens nas epístolas que talvez sugerissem o contrário (veja Rm 14.5; Gl 4.10; Cl 2.16). Sabemos que muitos aspectos da lei cerimonial, que outrora obrigavam o povo de Deus, na verdade eram uma sombra das coisas por vir — coisas que foram cumpridas por Cristo.

---

12. Uma perspectiva altamente convincente, mas que extrai uma conclusão diferente da que sugiro neste capítulo, pode ser encontrada em https://blogs.thegospelcoalition.org/justintaylor/2010/10/14/schreiner-qa-is-the-sabbath-still-required-for-christians/ ou no livro do qual o artigo é extraído: Thomas Schreiner, *40 Questions about Christians and Biblical Law*, 40 Questions and Answers, ed. Benjamin Merkle (Grand Rapids, MI: Kregel, 2010), 209-18. Outro livro convincente que defende uma perspectiva alternativa é *From Sabbath to Lord's Day: A Biblical, Historical and Theological Investigation*, ed. D. A. Carson (Eugene, OR: Wipf & Stock, 1999). A favor da perspectiva aqui apresentada, há o capítulo escrito por Richard Gaffin, "A Sabbath Rest Still Awaits the People of God", em *Pressing Toward the Mark*, ed. Charles G. Dennison e Richard C. Gamble (Philadelphia: Committee for the Historian of the Orthodox Presbyterian Church, 1986).

Uma vez que a substância se manifestou — a pessoa de Cristo —, não há mais necessidade das sombras. Mas também vemos que Jesus tomou algumas sombras ou sinais da antiga aliança e as transformou em sinais da nova aliança. Na noite em que foi traído, Jesus tomou a festa da Páscoa e lhe conferiu novo significado como a Ceia do Senhor. Paulo escreve: "Porque, todas as vezes que comerdes este pão e beberdes o cálice, anunciais a morte do Senhor, até que ele venha" (1Co 11.26).

Essa ceia destina-se a manter nossa vida direcionada tanto para o banquete que nos é oferecido na morte expiatória de Cristo como para o futuro banquete das bodas do Cordeiro. O sinal da circuncisão foi substituído pelo sinal mais pleno do batismo (Cl 2.10-12), o que não apenas nos faz olhar para trás, para a morte e a ressurreição de Cristo, mas também para a frente, para aquele dia em que sua obra salvadora e santificadora em nós estará completa, e nós ressuscitaremos de nosso túmulo à sua perfeita semelhança. Do mesmo modo, o sábado que foi cumprido em Cristo foi substituído por algo. Vemos no Novo Testamento que os crentes em Cristo começaram a se reunir no primeiro dia da semana e a chamá-lo Dia do Senhor (At 20.7; 1Co 16.2; Ap 1.10). Enquanto o velho sábado apontava para trás, para a criação e a redenção, o Dia do Senhor celebra a nova criação evidenciada na ressurreição de Jesus.[13] Nós nos reunimos no Dia do Senhor para relembrar a criação e a redenção, assim como para antever a nova criação. Somos lembradas de que ainda não estamos no lar com o Pai; ainda não estamos andando com ele no novo jardim, onde o veremos face a face. Experimentamos uma medida de descanso ao sermos unidas a Cristo em sua morte e ressurreição, mas sabemos que um descanso final, melhor e mais pleno nos espera no futuro.

O escritor de Hebreus escreveu aos crentes do primeiro século: "Portanto, resta um repouso sabático para

---

13. "Parte da função da lei mosaica na história da redenção era agir como um *paedagogos* temporário, um professor ou tutor ensinando ao povo de Deus da antiga aliança a necessidade de um Salvador (Gl 3.24-25). Assim, o sábado permaneceu no sétimo dia, no final de nossos labores semanais, como um tipo de promessa encenada, oferecendo descanso eterno a Israel, caso ele obedecesse perfeitamente à lei. A persistência do sábado, ao final de uma semana de obediência imperfeita, pretendia ensinar Israel a esperar por um segundo Adão que realizaria a redenção e o êxodo definitivos, e obteria para seu povo o descanso sabático final que o primeiro Adão perdera e que nossas melhores obras agora não nos podem garantir. [...] Agora que tudo 'está consumado' (Jo 19.30), o dia de sábado não vem mais ao final de uma semana de trabalho, mas no princípio dela. A obra que nos garante o descanso sabático foi realizada por Jesus em nosso favor. Agora, nós descansamos nele e trabalhamos na força que sua graça salvadora nos supre (Hb 3.7–4.10). [...] é por isso que a igreja agora se reúne no primeiro dia da semana (Jo 20.19; At 20.7; 1Co 16.2; Ap 1.10). A nova criação e a perfeita redenção são as grandes realidades que já nos pertencem em Cristo, e nós as celebramos e desfrutamos no dia do sábado cristão. É uma ordenança do evangelho que nos revigora e glorifica a Deus." David Strain, "A Well-Spent Sabbath", *Tabletalk* magazine, fev. 2015, http://www.ligonier.org/learn/articles/well-spent-sabbath.

o povo de Deus. Porque aquele que entrou no descanso de Deus, também ele mesmo descansou de suas obras, como Deus descansou das suas. Portanto, esforcemo-nos por entrar naquele descanso" (Hb 4.9-11, NAA). Ele põe os olhos de volta no Éden, quando Deus descansou após completar sua obra, e reitera a promessa que tem estado no coração da guarda do sábado ao longo dos séculos: a realidade de um descanso superior, do qual esse dia é apenas um sinal, um lembrete, uma oportunidade de redirecionamento.

É por isso que um dia de descanso ainda nos é dado como presente. Uma vez que ainda não alcançamos o descanso sabático para o qual aponta o sábado semanal, faz todo o sentido que continuemos a separar um dia em sete para sermos redirecionadas para o descanso futuro.[14] Mas a questão que se põe diante de nós é: estamos dispostas a receber este dia como um presente, tal como ele foi destinado a ser? Se chegamos à inabalável convicção de que Deus de fato nos ordena a separar-lhe um dia em sete, e se verdadeiramente tememos a Deus, santificaremos

---

14. "A mudança do sábado semanal, do sétimo dia para o primeiro dia da semana, reflete a presente situação escatológica da igreja — a mudança para o primeiro dia é um indicador da escatologia já realizada, do descanso escatológico da nova criação inaugurada por Cristo, especialmente por sua ressurreição; a continuação de um dia de descanso semanal é um sinal da escatologia ainda futura, um apontador para o descanso escatológico por vir quando do retorno de Cristo". Gaffin, *"A Sabbath Rest Still Awaits the People of God"*, in *Pressing toward the Mark*, 51n37.

esse dia. Ele simplesmente não será como os demais dias. Seremos diligentes para não arruiná-lo, seja com o legalismo, seja com a negligência. Todas as listas de "pode" e "não pode" perderão a importância, pois nossos corações não maquinarão maneiras de se safar desse dia. Em vez disso, alegremente nos dedicaremos a descobrir como tirar o máximo proveito desse presente.

Minhas amigas, o Dia do Senhor não nos foi dado como um dia de esportes. Não é meramente um dia da família. É o dia de Deus. É um dia para realizar as obras de necessidade, as obras de misericórdia e as obras de piedade que fluem de nosso desejo de separar o dia para ele.[15] Se esse dia nos foi dado como um presente, como podemos começar a nos apropriar desse presente em nossa vida? Talvez possamos começar assim: algumas de nós nunca lemos a Bíblia toda. Algumas de nós não leram um livro cristão no ano anterior. Algumas de nós nunca aceitam o compromisso de trabalhar para preparar um estudo bíblico, mas são sempre rápidas em responder: "Não tenho tempo". Sério? Deus lhe deu um dia para focar nele, em

---

15. A *Confissão de Fé de Westminster* (21.8) diz: "Este sábado é santificado ao Senhor quando os homens, tendo devidamente preparado o seu coração e de antemão ordenado os seus negócios ordinários, não só guardam, durante todo o dia, um santo descanso das suas obras, palavras e pensamentos a respeito de seus empregos seculares e das suas recreações, mas também ocupam todo o tempo em exercícios públicos e particulares de culto e nos deveres de necessidade e misericórdia".

tudo o que ele já lhe deu e está preparando para lhe dar. Será que você não pode encaixar um tempo para ouvi-lo por meio da leitura de sua Palavra? Algumas de nós nem se lembram da última vez que passaram mais de cinco minutos dedicadas à oração. Será que o dia de Deus não seria um ótimo dia para separar um tempo para falar com ele? Algumas de nós jamais desenvolveram o hábito de meditar na Escritura. Será que o dia de Deus não seria um ótimo dia para refletir sobre, repetir e talvez até mesmo memorizar uma passagem da Escritura, de modo que ela se torne parte de nós? Será que o dia de Deus não seria um ótimo dia para suprir a necessidade de alguém a quem estivemos ocupadas demais para servir nos outros seis dias?

Eis a questão: se não nos parece boa a ideia de nos afastar da televisão, do futebol, do escritório ou dos estudos para focarmos a atenção em Deus, então a nova criação nos será entediante.

Esta vida nunca foi destinada a ser uma existência sem propósito; ela sempre esteve apontada numa direção, para um lugar melhor que o Éden. O destino à nossa frente deveria moldar a forma como vivemos dia após dia, semana após semana, ano após ano. "Esforcemo-nos por entrar naquele descanso." Como? Descansando na obra consumada de Cristo e dedicando um dia por semana como um antegozo do descanso que nos aguarda por causa dessa obra.

Vem chegando o dia no qual despertaremos do sono para um eterno dia de descanso, que nunca terá fim. Não seria ótimo, na inquietude deste mundo, simplesmente passar um dia por semana na expectativa daquele dia?

> Amor divino, acima de comparação,
> És do céu a alegria, vem na terra habitar,
> Faz de nós tua humilde habitação,
> Tua própria mercê vem coroar.
> Jesus, és cheio de compaixão,
> És amor puro e incontido;
> Visita-nos com tua salvação;
> Entra cada coração estremecido.
>
> Sopra, oh, sopra teu Espírito amoroso
> E ao coração revolto traz bonança;
> Que encontremos o prometido repouso;
> Que em ti esteja a nossa herança.
> Sê o Alfa, da fé o princípio,
> Também o Ômega, seu consumador;
> Tira de nós o pendor iníquo,
> Livra-nos de pecar sem pudor.
> Vem livrar-nos, Deus onipotente,
> Que recebamos todos tua vida;
> Vem depressa, torna prontamente,

E sê para sempre a nossa guarida.
Pela eternidade teu nome bendiremos;
Com os anjos, te daremos louvor;
Sem cessar, serviremos e oraremos,
Gloriando-nos no teu perfeito amor.

Completa, enfim, tua nova criação;
Torna-nos puros e imaculados;
Faz-nos ver tua grande salvação
E ser plenamente restaurados:
De glória em glória transformados,
Até no céu tomarmos nosso assento;
Coroas ao chão, aos teus pés prostrados,
Perdidos em louvor e deslumbramento.[16]

---

16. Charles Wesley, "*Love Divine, All Loves Excelling*", 1757.

7

A história da
Descendência

Havia cerca de seis meses que nossa filha, Hope, morrera, e tudo o que eu lia na Bíblia parecia diferente. Naquela semana, meu dever de casa para o estudo bíblico era ler o Salmo 91 e compartilhar com o grupo como aquilo se mostrara verdadeiro em minha vida. Isto foi o que eu li:

> O que habita no esconderijo do Altíssimo
> e descansa à sombra do Onipotente
> diz ao Senhor: Meu refúgio e meu baluarte,
> Deus meu, em quem confio.

Pois ele te livrará do laço do passarinheiro
e da peste perniciosa.
Cobrir-te-á com as suas penas,
e, sob suas asas, estarás seguro;
a sua verdade é pavês e escudo.
Não te assustarás do terror noturno,
nem da seta que voa de dia,
nem da peste que se propaga nas trevas,
nem da mortandade que assola ao meio-dia.
Caiam mil ao teu lado,
e dez mil, à tua direita;
tu não serás atingido.
Somente com os teus olhos contemplarás
e verás o castigo dos ímpios.
Pois disseste: O Senhor é o meu refúgio.
Fizeste do Altíssimo a tua morada.
Nenhum mal te sucederá,
praga nenhuma chegará à tua tenda.
Porque aos seus anjos dará ordens a teu respeito,
para que te guardem em todos os teus caminhos.
Eles te sustentarão nas suas mãos,
para não tropeçares nalguma pedra.
Pisarás o leão e a áspide,
calcarás aos pés o leãozinho e a serpente.
Porque a mim se apegou com amor, eu o livrarei;
pô-lo-ei a salvo, porque conhece o meu nome.

> Ele me invocará, e eu lhe responderei;
> na sua angústia eu estarei com ele,
> livrá-lo-ei e o glorificarei.
> Saciá-lo-ei com longevidade
> e lhe mostrarei a minha salvação.

Lembro-me de me sentar naquela roda, naquele dia, em lágrimas. Tive de dizer ao grupo: "Não sei como isso pode ser verdadeiro. Ele permitiu, *sim*, que o mal nos sucedesse. Uma praga chegou, *sim*, à nossa tenda. Em verdade, ele permitiu que passássemos por algo muito pior do que tropeçar numa pedra". Não parecia nem um pouco que ele nos protegera.

As palavras no papel simplesmente não soavam verdadeiras ou confiáveis. Contudo, eu cria firmemente que a Palavra de Deus é verdadeira, que é a verdade mais sólida e confiável do universo. Então, eu sabia que havia algo errado na forma como eu estava lendo e entendendo esse salmo. A mensagem parecia ser que, se você confiar em Deus, nenhum mal lhe sucederá. Qualquer um que tenha andado com Deus por qualquer período sabe que isso não é verdade, muito embora inúmeros pregadores tentem vender essa mensagem com base em passagens como essa. Então, o que esse salmo realmente significa? E mais importante: que tipo de proteção você e eu, de fato, podemos esperar de Deus? Será que estamos completamente vulneráveis às forças malignas do mundo?

Para sabermos a resposta e discernirmos o que esse salmo e outros semelhantes prometem, precisamos começar do início, quando o mal entrou na bondade da criação divina pela primeira vez. Temos de investigar a história da descendência da serpente e do descendente da mulher.

A sedução da serpente

Embora o Éden tenha sido criado bom, não era completamente seguro. Ali, no jardim original, Adão e Eva estavam vulneráveis ao mal, ao engano e até mesmo à morte. Embora talvez nunca tenhamos pensado no Éden assim, isso fica claro quando consideramos que o mal habitou o corpo de uma serpente comum e trouxe morte ao jardim. Um forte alarme deveria ter soado aos ouvidos de Eva quando um animal começou a falar com ela. Ela e Adão haviam recebido autoridade sobre todos os animais do campo, e aquele animal do campo estava retrucando.

A serpente camuflou suas más intenções, como se apenas estivesse chamando a atenção de Adão e Eva para uma injustiça, uma inverdade da parte de Deus. "É assim que Deus disse: Não comereis de toda árvore do jardim?

[...] É certo que não morrereis. Porque Deus sabe que no dia em que dele comerdes se vos abrirão os olhos e, como Deus, sereis conhecedores do bem e do mal" (Gn 3.1, 4-5).

Adão deveria ter detectado a mentira quando a serpente distorceu a palavra de Deus; ele deveria ter identificado a maldade na sugestão da serpente; ele deveria ter esmagado a cabeça daquela serpente ali mesmo, naquele instante. Mas, em vez disso, ele e Eva deram ouvidos à serpente. Ao comerem do fruto da árvore proibida sob a sugestão da serpente, eles, em essência, transferiram para ela sua lealdade.

Foi um milagre — uma misericórdia divina — Deus não ter descido imediatamente para acabar com seus novos servos. Em vez disso, Deus veio graciosamente em busca de seus filhos desviados, cobriu-os e anunciou uma maldição sobre aquela serpente que tanto mal tinha causado.

> Então, o Senhor Deus disse à serpente:
> Visto que isso fizeste, maldita és entre todos
> os animais domésticos e o és
> entre todos os animais selváticos;
> rastejarás sobre o teu ventre e comerás pó
> todos os dias da tua vida.
> Porei inimizade entre ti e a mulher,
> entre a tua descendência e o seu descendente.
> Este te ferirá a cabeça, e tu lhe ferirás o calcanhar.
> (Gn 3.14-15)

Embora Deus tenha ordenado um mundo no qual o mal e a rebelião eram possíveis, ele não os criou. Contudo, ele é claramente soberano sobre ambos. Assim como sua palavra tem o poder de abençoar, também tem o poder de amaldiçoar. Ele deixou claro que os dias daquele Maligno estão contados. Um dia nascerá um bebê, um descendente da mulher que a serpente acabara de enganar e ferir tão cruelmente. Seu descendente faria o trabalho que Adão deveria ter feito. Um dia, seu descendente esmagaria a cabeça do maligno de uma vez.

Ocasionalmente, quando caminho pelas trilhas do parque florestal próximo à minha casa, vejo uma cobra rastejando pelo caminho. Não é surpreendente encontrar uma cobra na floresta. As histórias de cobras encontradas em outros lugares é que me dão arrepios. Pesquise no Google. Você encontrará histórias de cobras enroladas em motores de carro, uma pequena cobra achada num pacote de macarrão, cobras saindo de máquinas de refrigerante, cobras debaixo de lençóis. Creio que todas nós podemos concordar que ninguém deseja encontrar uma cobra sob os lençóis. Porém, se você deparar com uma cobra, qual é o jeito mais óbvio de matá-la? Pise em sua cabeça. Corte sua cabeça. Esmague sua cabeça com uma grande pedra. E, se você for uma cobra (e, é claro, você não é), qual é o jeito mais provável de tentar derrotar um humano ao rastejar pelo chão, especialmente se esse humano estiver tentando esmagar sua cabeça? Você ataca o calcanhar dele.

Evidentemente, esse é um retrato do que vai acontecer no clímax dessa batalha épica que Deus iniciou no Éden. No processo de esmagar a cabeça da serpente, um descendente em particular — observe que o versículo 15 usa a palavra "este" — experimentará as presas venenosas da serpente afundando em seu calcanhar. O veneno do pecado vai desferir um golpe mortal nesse descendente.

Mas, até essa batalha final, haverá inúmeros conflitos entre a descendência da mulher e a descendência da serpente. Se você é, no íntimo, uma amante da paz, alguém que apenas deseja que todo mundo seja feliz com todo mundo, talvez esse anúncio de um conflito constante soe como uma péssima notícia. E, de certa forma, é, porque nós constantemente nos vemos em meio a esse conflito. Mas nele também há boas notícias. Ao pecar, Adão e Eva se colocaram ao lado da serpente e ficaram contra Deus. Mas, na maldição divina sobre a serpente, Deus virou a mesa. Ele ergueu para eles e sua descendência um muro de proteção que os inibiria de firmar qualquer tipo de falsa paz com essa serpente maligna. Deus fez desse rei e dessa rainha falhos seus aliados contra o verdadeiro inimigo. Essa constante inimizade era para o benefício deles. Deus abriu um fosso entre a mulher e o inimigo de sua alma, tomando a iniciativa na salvação dela.

É essa mesma iniciativa que precisamos que ele tome em nossa vida. À parte dessa obra da graça e da misericórdia divinas, estaremos em eterna inimizade com Deus, e não em inimizade com o Maligno. Nessa maldição sobre a serpente, é como se Deus se voltasse para Adão e Eva, que se rebelaram contra ele e rejeitaram suas boas dádivas, e dissesse: "Eu vou à guerra, mas não contra vocês. Vou estabelecer um conflito entre vocês e este que apenas intenta o mal contra vocês. Vou guerrear em seu favor contra o inimigo de vocês".[1]

Todavia, essa guerra não se restringirá a Adão, Eva e à serpente, tampouco entre a serpente e aquele descendente em particular. Ela vai se estender num constante conflito entre gerações das descendências tanto da mulher como da serpente. Satanás é o cabeça de um reino maligno. Embora sua descendência não sejam filhos biológicos, ele tem um exército de espíritos malignos e de pecadores impenitentes que recebem dele sua natureza.[2]

---

1. Essa caracterização da pretendida mensagem de Deus para Adão e Eva é adaptada de Ligon Duncan, "An Ancient Christmas: The Coming of the Christ in the Old Testament — The Seed", sermão, 2 dez. 2012, First Presbyterian Church, Jackson, Mississippi.

2. Geerhardus Vos, *Teologia bíblica: Antigo e Novo Testamentos*, 2ª ed. (São Paulo: Cultura Cristã, 2010).

A descendência da mulher em guerra com a descendência da serpente

Esse conflito irrompeu logo entre os primeiros filhos de Adão e Eva, na fúria homicida de Caim contra Abel, seu irmão. Nessa primeira geração, vemos que a "descendência da mulher" não inclui cada ser humano que nascerá de Eva. A descendência da mulher é composta por aqueles a quem Deus põe em inimizade contra Satanás e com quem ele se reconcilia por meio de Cristo. Embora Eva fosse a mãe tanto de Caim como de Abel em sentido natural, apenas Abel era seu descendente em sentido espiritual. Embora Caim fosse um filho natural de Eva, era um filho espiritual de Satanás.[3] Desde o princípio da história bíblica, vemos que a linhagem familiar não garante a graça salvadora.

O livro de Gênesis, como outros livros do Antigo Testamento, tem bastante cuidado ao traçar a linhagem de cada descendência. É por isso que há todas aquelas genealogias do Antigo Testamento, que você jamais gostaria de ser solicitado a ler em público. Muito embora você possa ser tentado a pulá-las ou apenas folheá-las quando elas aparecem em sua leitura bíblica, essas genealogias são, de fato,

---

3. Isso fica explícito em 1 João 3.12, passagem em que João escreve que Caim "era do Maligno e assassinou a seu irmão".

fascinantes e importantes. Elas contêm uma tensão que não é evidente senão quando entendemos que estamos investigando a história da descendência. Enquanto lemos, precisamos perguntar: o que acontecerá com a descendência da mulher? O que acontecerá com aquela linhagem específica da qual Deus fará nascer o Filho, aquele que acabará com esse inimigo de uma vez por todas?

Essa contínua batalha e a ameaça à descendência da mulher estão no cerne de algumas das cenas mais significativas da história do Antigo Testamento. Quando a fome ameaça a vida dessa descendência, os doze filhos de Jacó fogem para o Egito, onde há cereal. Porém, quatrocentos anos depois, eles foram reduzidos a escravos no Egito. A descendência da mulher está em clara inimizade com a descendência da serpente — o faraó, que tinha uma serpente em sua coroa, o símbolo da origem de seu poder. O faraó estava tão determinado a destruir a descendência da mulher que ordenou às parteiras que matassem todos os filhos do sexo masculino que nascessem de mulheres hebreias. E, quando isso não funcionou, ele instruiu que todos os bebês hebreus do sexo masculino fossem jogados no rio Nilo para se afogar. Porém, um menino hebreu flutuou pelo Nilo até chegar em segurança à casa de Faraó. Ele seria responsável por libertar a descendência da mulher. Chegaria o dia em que a descendência dela, dois milhões de pessoas, estaria de pé do lado leste do mar Vermelho, assistindo à descendência da serpente, o exército egípcio, ser esmagada por uma muralha de água.

Enquanto a descendência da mulher vagava pelo deserto por quarenta anos, com frequência era difícil enxergar qualquer evidência de que eles fossem uma família de fé. Eles reclamavam de seu líder e de sua comida, acusando Deus de querer matá-los no deserto. Então, Deus lhes deu uma amostra de quem era o verdadeiro inimigo. Ele enviou serpentes abrasadoras para picarem o povo e muitos morreram. Deus disse a Moisés: "Faze uma serpente abrasadora, põe-na sobre uma haste, e será que todo mordido que a mirar viverá" (Nm 21.8). Ali, sobre a haste, estava uma imagem de bronze daquilo que os matava — o pecado deles, representado por uma serpente. Não era uma serpente vitoriosa, mas, sim, uma serpente derrotada, talvez com sua cabeça esmagada pela estaca que a prendia à haste.[4] Todos os que punham sua fé

---

4. "No Egito, tal haste ou pedestal era um símbolo reconhecido do poder da divindade. Aqui, servia para demonstrar que o poder do Senhor estava presente no meio do acampamento, concedendo vida àqueles que, por seu pecado, haviam sido condenados à morte pela mordida da serpente. A serpente traspassada no pedestal, assim, demonstrava em termos visíveis a derrota dos inimigos mortais de Israel, o Egito e Satanás, conquistados pelo poder do Senhor. [...] O povo deveria olhar atentamente para a serpente de bronze, depositando sua confiança no poder da vitória do Senhor sobre o mal, e, então, os israelitas seriam curados." Iain Duguid, *Numbers: God's Presence in the Wilderness*, Preaching the Word, ed. R. Kent Hughes (Wheaton, IL: Crossway, 2006), 263. Embora o texto não indique que a cabeça da serpente na haste estivesse esmagada, faz sentido pensar que o modo como ela estava presa à haste retratava a causa de sua salvação, o esmagar da cabeça da serpente.

na promessa divina de livramento e cura demonstraram essa fé por sua disposição de olhar para a serpente de bronze sobre a haste, e foram salvos do veneno do pecado.

Anos depois, em seu lar na terra que Deus lhes prometera, eles, mais uma vez, entraram numa batalha ferrenha contra a descendência da serpente — o exército filisteu. Dessa vez, porém, um filisteu em particular fez uma proposta. Golias, de Gate, propôs que Israel enviasse um único soldado para lutar com ele. Se o representante de Israel vencesse, todos os filisteus se tornariam escravos de Israel; mas, se Golias vencesse, todo o Israel — a descendência da mulher — se tornaria escravo do maligno para sempre. Golias se apresentou coberto por uma couraça de escamas (1Sm 17.5). Em outras palavras, ele estava coberto por uma armadura que lembrava as escamas de uma cobra. E o que Davi, esse descendente da mulher, fez? Com uma pequena pedra e uma funda, ele esmagou a cabeça daquele descendente da serpente.

Séculos depois, os descendentes da mulher foram enviados para o exílio; e uma em particular, uma jovem e bela moça chamada Ester, tornou-se esposa de Assuero, o rei dos medos e dos persas. Porém, a descendência da serpente estava operando por meio de Hamã, que tinha um profundo ódio dos judeus. Ele manipulou o rei para decretar que, em determinado dia, todos no reino "destruíssem, matassem e aniquilassem de vez a todos os judeus" (Et 3.13). Precisamos entender o que isso significa sob a perspectiva da história que a Bíblia está trilhando. Se todos os judeus fossem mortos, então não restaria um só descendente da mulher para um dia esmagar a cabeça da descendência da serpente. Mas Ester, a descendente da mulher, prevaleceu sobre Hamã, o descendente da serpente, e ele foi executado. Lemos que, "no dia em que os inimigos dos judeus contavam assenhorear-se deles, sucedeu o contrário, pois os judeus é que se assenhorearam dos que os odiavam" (Et 9.1). A descendência da mulher esmagou a cabeça da descendência da serpente.

A chegada do descendente da mulher

Enfim, chegou o dia em que nasceu aquele descendente em especial. "Vindo, porém, a plenitude do tempo, Deus enviou seu Filho, *nascido de mulher*" (Gl 4.4). Paulo escreve dessa forma para vermos a conexão entre o nascimento de Jesus e a promessa de Deus feita no Éden. Este é o prometido, *o* descendente. Tão logo ele nasceu, ficou claro que a batalha ainda estava sendo travada. Mateus registra: "Tendo Jesus nascido em Belém da Judeia, em dias do rei Herodes, eis que vieram uns magos do Oriente a Jerusalém. E perguntavam: Onde está o recém-nascido

Rei dos judeus?" (Mt 2.1-2). Herodes, o descendente da serpente, reconheceu a ameaça. Mas "apareceu um anjo do Senhor a José, em sonho, e disse: Dispõe-te, toma o menino e sua mãe, foge para o Egito e permanece lá até que eu te avise; porque Herodes há de procurar o menino para o matar" (Mt 2.13).

O descendente da serpente perdeu a batalha, mas não desistiu. Do princípio ao fim de seu ministério, Jesus estava marchando firmemente contra os poderes das trevas. Quase imediatamente após ser tentado no deserto por Satanás (que, por sinal, citou o Salmo 91, deturpando seu significado, como fazem os pregadores da prosperidade), Jesus enfrentou uma investida de oposição em Nazaré, uma multidão tão enfurecida que queria atirá-lo do cimo do monte (Lc 4.16-30). Ele desceu para Cafarnaum e estava na sinagoga, no sábado, quando um homem endemoninhado "bradou em alta voz: Ah! Que temos nós contigo, Jesus Nazareno? Vieste para perder-nos? Bem sei quem és: o Santo de Deus!" (Lc 4.33-34). Os demônios que possuíam aquele homem, assim como Satanás possuiu a serpente no Éden, reconheceram Jesus como o descendente prometido que Satanás e seus lacaios temiam durante todo esse tempo, o descendente que viera para destruí-los.

Quando lemos os Evangelhos, às vezes ficamos com a impressão de que possessões demoníacas eram mais comuns naquela época e naquele lugar do que hoje. E, num sentido, isso é verdade. A razão de testemunharmos tanta atividade demoníaca nos Evangelhos é que o descendente da mulher havia entrado em cena para destruir as obras do diabo, e todo o inferno se soltara, num esforço para impedir seu golpe esmagador. As hostes do inferno estavam tremendo de medo, plenamente certas de como aquela guerra acabaria.

Todos os lacaios do inferno, conscientes ou não dessa sua condição, também se engajaram no conflito. Os judeus dos dias de Jesus consideravam estar do lado do bem, tomando por base seu vínculo de sangue com Abraão. "Nosso pai é Abraão", disseram a Jesus. Mas Jesus lhes respondeu: "Se sois filhos de Abraão, praticai as obras de Abraão. Mas agora procurais matar-me, a mim que vos tenho falado a verdade que ouvi de Deus; assim não procedeu Abraão. [...] Vós sois do diabo, que é vosso pai, e quereis satisfazer-lhe os desejos" (Jo 8.39-44). Eles eram descendentes naturais de Abraão, porém, claramente, eram descendência espiritual do diabo.

Essa linha divisória entre a descendência da serpente e a descendência da mulher atravessa famílias humanas. Foi por isso que Jesus disse:

> Não penseis que vim trazer paz à terra; não vim trazer paz, mas espada. Pois vim causar divisão entre o homem e seu pai; entre a filha e sua

mãe e entre a nora e sua sogra. Assim, os inimigos do homem serão os da sua própria casa.
(Mt 10.34-36)

Não é que Jesus seja fã de dramas ou conflitos familiares. Mas Jesus quer deixar claro que existe um vínculo familiar que prevalece sobre nossos vínculos de sangue. O importante é se estamos unidos pela fé à sua família, ou se estamos unidos — por apatia, ignorância ou franca rebelião contra Cristo — ao pai da mentira, o acusador dos irmãos, a antiga serpente.

Esmagado o descendente da mulher

Quando Judas mastigava um pedaço de pão que Jesus acabara de lhe dar, lemos que Satanás entrou nele. Satanás pensou que aquele seria seu grande momento. De fato, ao ser preso pelos soldados a mando dos líderes religiosos, o próprio Jesus disse: "Esta, porém, é a vossa hora e o poder das trevas" (Lc 22.53). Após uma série de julgamentos que revelaram a verdadeira face do inimigo, a batalha que vinha sendo travada desde o Éden chegou ao seu clímax. Aquela era a batalha mais intensa, a mais mortal, mas também a batalha mais vivificante de todos os tempos, travada no monte do Calvário.

Cinquenta dias depois, Pedro descreveu o ocorrido na batalha ao dizer que, quando Jesus fora crucificado e morto pelas mãos de homens ímpios, ele estava "sendo [...] entregue pelo determinado desígnio e presciência de Deus" (At 2.23). E, por estarmos investigando a história do descendente da mulher e da descendência da serpente, sabemos que isso é verdade. Essa batalha árdua estava no plano de Deus desde o Éden. Era disso que o profeta Isaías falava ao escrever:

> Todavia, ao SENHOR agradou esmagá-lo,
> fazendo-o sofrer.
> Quando ele der a sua alma como oferta
> pelo pecado,
> verá a sua posteridade e prolongará os seus dias; e
> a vontade do SENHOR prosperará nas suas mãos.
> (Is 53.10, NAA)

Observe: Isaías deixa claro que esse esmagamento do descendente da mulher não terminará em derrota e morte definitivas. Ele "prolongará os seus dias". Após ser esmagado por nossas iniquidades, ele ressurgirá para viver eternamente. A vontade do Senhor — tudo o que Deus intentou realizar mediante o sofrimento de seu Servo — se realizará. E não ignore isto: ele "verá a sua posteridade". O descendente da mulher terá uma descendência! Seu sofrimento não será inútil; ao contrário, será próspero, fecundo e cheio de propósito.

Aqui estão as boas-novas do evangelho encontradas na história da descendência, uma história que muda tudo sobre o fim de nossa própria história. "Nós, quando inimigos, fomos reconciliados com Deus mediante a morte do seu Filho" (Rm 5.10). E "temos paz com Deus por meio de nosso Senhor Jesus Cristo" (Rm 5.1). Que graciosas boas-novas aquelas entregues pela primeira vez no meio da maldição: inimizade com Satanás e paz com Deus possibilitadas pelo sofrimento do descendente da mulher! À luz dessa promessa de graça, a verdadeira descendência da mulher põe toda a sua fé, todas as suas esperanças e toda a sua confiança em um futuro que será melhor do que seu passado — melhor do que ela merece — no descendente prometido. E podemos estar certas de que o inimigo de nossa alma quer nos impedir de fazê-lo.

E aqui começamos a reconhecer que estamos todas no meio de uma batalha espiritual. "Porque a nossa luta não é contra o sangue e a carne, e sim contra os principados e potestades, contra os dominadores deste mundo tenebroso, contra as forças espirituais do mal, nas regiões celestes" (Ef 6.12). O inimigo quer você em aliança com ele, não em inimizade contra ele. Ele quer reivindicar a propriedade de sua vida por toda a eternidade. E, se você tem filhos, ele os quer também. Então, o que podemos fazer? Pegar em armas espirituais para lutar essa batalha espiritual. Saturar nossa vida e nosso lar com a Palavra de Deus. Em vez de presumir que Deus salvará nossos filhos, nós suplicamos a Deus que os salve. Oramos para que nossos filhos estejam em inimizade contra o Maligno e sejam reconciliados com Deus. Oramos para que eles não sejam enganados pelas mentiras do diabo nem persistam em rebelião contra Deus. Oramos para que reconheçam a voz de seu Salvador quando ele os chamar, para que sejam por ele revestidos com a justiça de Cristo. Oramos para que eles se apropriem da graça que foi prometida no meio da maldição. Oramos para que, quando Cristo vir sua posteridade, ele veja a face de nossos filhos.

Esmagada a descendência da serpente

O apóstolo João escreveu: "Para isto se manifestou o Filho de Deus: para destruir as obras do diabo" (1Jo 3.8). João via a morte e a ressurreição de Jesus à luz da história da descendência da serpente e da descendência da mulher. A lista de nossos pecados, que Satanás pretendia usar como uma arma contra nós, foi cravada na cruz, de sorte que Jesus, na sua morte, "despojando os principados e as potestades, publicamente os expôs ao desprezo, triunfando deles na cruz" (Cl 2.15). Jesus ressuscitou triunfantemente do sepulcro, que não pode detê-lo, e ascendeu à destra do Pai, onde permanece até o dia em que voltará para destruir, de uma vez por todas, a antiga serpente. Nesse momento, Satanás é como uma cobra cuja cabeça foi esmagada, mas cuja cauda continua chicoteando pelo ar e causando estrago. "O diabo, vosso adversário, anda em derredor, como leão que ruge procurando alguém para devorar" (1Pe 5.8). Num derradeiro esforço para assumir o controle do mundo de Deus, ele ainda trabalha contra a descendência da mulher. Por causa disso, a palavra de Pedro para nós é: "Resisti-lhe firmes na fé, certos de que sofrimentos iguais aos vossos estão-se cumprindo na vossa irmandade espalhada pelo mundo" (1Pe 5.9). A realidade é que Satanás é um inimigo derrotado.

Desde o jardim, Deus tencionou que a existência de Satanás e sua oposição cumpririam o plano divino para seu povo. Mas esse plano perfeito reserva para o diabo um dia de condenação final. Aproxima-se o dia em que a cauda de Satanás não mais se revolverá contra a vida do povo de Deus. João viu esse dia antecipadamente e registrou sua visão em Apocalipse: "O diabo, o sedutor deles, foi lançado para dentro do lago de fogo e enxofre, onde já se encontram não só a besta como também o falso profeta; e serão atormentados de dia e de noite, pelos séculos dos séculos" (Ap 20.10). Toda a descendência da serpente será acorrentada para sempre, para longe, muito longe da descendência da mulher, que terá seu lar na Nova Jerusalém. "Nela, nunca jamais penetrará coisa alguma contaminada, nem o que pratica abominação e mentira, mas somente os inscritos no Livro da Vida do Cordeiro" (Ap 21.27). Nunca ficaremos entediadas ao ler a lista de nomes escritos nesse livro, tampouco nos sentiremos tentadas a pulá-las ou apenas folheá-las.

A proteção da descendência da mulher

Nossa confiante esperança nesse vindouro dia de julgamento para Satanás e sua descendência nos capacita a compreender as promessas de proteção supostamente exageradas que encontramos no Salmo 91. De fato, o Salmo 91 promete a proteção do Senhor. A proteção aqui prometida aos que se refugiam em Deus é a proteção da destruição que sobrevirá à serpente e à sua descendência no dia do julgamento. O salmista descreve aquele dia nos versos 7 e 8:

> Caiam mil ao teu lado,
> e dez mil, à tua direita;
> tu não serás atingido.
> Somente com os teus olhos contemplarás
> e verás o castigo dos ímpios.

Inspirado pelo Espírito Santo, o salmista olha para o futuro e vê o dia em que os "ímpios" recebem o que lhes é devido. E, por "ímpios", não nos referimos simplesmente a pessoas que fazem coisas más. Os ímpios são todos os que, em vez de serem inimigos da serpente, fazem aliança com ela, são todos os que se recusaram a se reconciliar com Deus. Os versos 7 e 8 apresentam a imagem daquele que "habita no esconderijo do Altíssimo" (v. 1), assistindo à descendência da serpente enfim receber o que lhe está preparado. A promessa do Salmo 91, apresentada àqueles que encontraram seu refúgio em Deus, é que eles serão protegidos de todas as punições experimentadas por aqueles que estão em aliança com o diabo. A promessa desse salmo não é proteção física indiscriminada, nesta vida, contra tudo que porventura ameace nosso conforto, mas proteção do julgamento definitivo que sobrevirá à serpente e à sua descendência.

Então, começando no verso 3 (e, para acompanhar o argumento, será útil ter sua Bíblia aberta no Salmo 91 ou consultá-lo na introdução deste capítulo), quando o salmista diz: "ele te livrará do laço do passarinheiro e da peste perniciosa", devemos entender que, enquanto a descendência da serpente cairá nesse laço e será afligida por essa peste perniciosa, aqueles que põem sua confiança em Deus estarão seguros. Seremos protegidos por Deus, segundo os versos 5 e 6, do terror, da seta, da peste e da mortandade que os ímpios experimentarão. Ao chegarmos aos versos 9 e 10, vemos que, enquanto o mal sucederá e uma praga chegará a todos aqueles que estabeleceram seu lar com o Maligno, todos os que fizeram do Senhor sua morada encontrarão refúgio nele.

Os versos 12 e 13 prometem que os anjos guardarão você de tropeçar nalguma pedra e machucar o calcanhar. De fato, eles prometem que você "[calcará] aos pés [...] a serpente". Por conhecermos a história da descendência, é aqui que começamos a estabelecer a conexão. Naquele dia, não haverá ferida em nossos calcanhares, pois Cristo tomou sobre si, na cruz, todas aquelas feridas. Ele sofreu a peste perniciosa. Ele foi traspassado pelas setas do julgamento. Ele experimentou a mortandade ao meio-dia. Muito embora fosse perfeitamente bom, todo o nosso mal caiu sobre ele. Na cruz, vemos Jesus experimentar a recompensa que pessoas ímpias como eu e você merecemos.

Conforme os versos 14 a 16, todos aqueles que se apegam a Cristo com amor serão libertos, postos a salvo, resgatados, honrados, saciados e salvos. Mas isso só é possível porque Cristo não foi liberto; ele não foi resgatado. Jesus não foi protegido para que você e eu fôssemos protegidos para sempre.

Então, ao ler o Salmo 91, em vez de ficar ressentida porque, de algum modo, Deus falhou em proteger minha vida e minha família, posso ver que Cristo me proporcionou proteção definitiva. Eu descanso à sombra do Onipotente e nada pode me ferir em última instância. Tudo o que foi prometido no Salmo 91 será meu, no dia em que sobrevier o julgamento. Eu o invocarei, e ele me responderá. Ele estará comigo na angústia. Ele me livrará. Ele me saciará com longevidade e me mostrará sua salvação.

E agora consigo ver que Deus, na verdade, não reteve de meus filhos Hope e Gabriel sua proteção prometida. Ele nunca prometeu que eles jamais enfrentariam perigo ou morte nesta vida. Mas ele prometeu ajuntar os seus para si, onde ele os protegerá da danação última e eterna. Agora, Hope e Gabe estão experimentando essa saciedade e essa salvação com muito mais vivacidade do que eu. Eles estão protegidos. Estão seguros. E, nisso, eu posso descansar. Nisso, encontro paz. E posso esperar que todas as promessas divinas de proteção serão cumpridas no dia em que ele voltar e chamar à vida Hope, Gabriel, a mim e todos os que pertencem a ele.[5]

À medida que a realidade da história da descendência da mulher e da descendência da serpente vai adentrando nossa mente e nossas emoções, tem o poder de nos encher de coragem para enfrentar as piores coisas

---

5. Um tratamento mais extenso da minha busca por entender as promessas divinas de proteção ao longo das Escrituras pode ser encontrado em meu livro *Hearing Jesus Speak into Your Sorrow* (Carol Stream, IL: Tyndale, 2009).

que o mundo tem para atirar contra nós. Começamos a ver que, embora possamos perder a vida, não vamos — na verdade, não podemos — perecer para sempre.

Minha amiga, você tem um inimigo. Ele está contra você. Mas Deus é por você e nada pode separá-la dele. Se você está em Cristo, está absolutamente segura. Todo o que nele crer *não perecerá*. Isso significa que você nunca será ferida nesta vida? Significa que você não enfrentará a morte? Não. Significa que, ainda que morra, você não perecerá para sempre. Significa que, mesmo que terroristas venham capturá-la, ou um regime maligno tente matá-la de fome, ou um inquisidor ameace torturá-la, eles não podem destruí-la para sempre. Significa que, embora Satanás possa vencer uma ou duas batalhas em sua vida, ele não pode e não vai vencer a guerra pela sua alma. Ele não pode tê-la em sua posse pela eternidade.

Chegará o dia em que a vitória de Jesus sobre Satanás se tornará a vitória compartilhada por todos aqueles que estão unidos a ele. Até lá, nós nos apegamos à seguinte promessa: "E o Deus da paz, em breve, esmagará debaixo dos vossos pés a Satanás" (Rm 16.20). Até lá, dizemos: "Vem depressa, Senhor Jesus. Vem e destrói a serpente de uma vez por todas. Vem e abriga teu povo em ti mesmo, num lugar eternamente seguro, um lar ainda melhor que o Éden". Até lá, cantamos:

Castelo forte é nosso Deus,
Espada e bom escudo!
Com seu poder defende os seus
Em todo transe agudo.
Com fúria pertinaz
Persegue Satanás
Com ânimo cruel!
Mui forte é o Deus fiel,
Igual não há na terra.

A força do homem nada faz,
Sozinho está perdido!
Mas nosso Deus socorro traz
Em seu Filho escolhido.
Sabeis quem é? Jesus,
O que venceu na cruz,
Senhor dos altos céus,
E sendo o próprio Deus,
Triunfa na batalha.

Se nos quisessem devorar
Demônios não contados,
Não nos iriam derrotar
Nem ver-nos assustados.
O príncipe do mal,
Com seu plano infernal,

Já condenado está!
Vencido cairá
Por uma só palavra.

De Deus o verbo ficará,
Sabemos com certeza,
E nada nos assustará
Com Cristo por defesa!
Se temos de perder
Família, bens, prazer!
Se tudo se acabar
E a morte enfim chegar,
Com ele reinaremos![6]

---

6. Martinho Lutero, *"Castelo Forte"*, Hinário Presbiteriano Novo Cântico nº 155.

8

A história de uma
Habitação

Quando consegui meu primeiro emprego em Waco, Texas, decidi morar sozinha, e não com uma colega — o que significava que eu tinha de encontrar um lugar muito barato para morar. Acabei passando a morar num dos lados de um dúplex e pagava setenta e cinco dólares de aluguel. Eu amava morar sozinha ali — pelo menos até noivar com David e ele se mudar para o que seria nosso primeiro apartamento, na estrada Alford. Nós o chamávamos de Abacatelândia. O ano era 1986, e tudo naquele apartamento era cor de abacate e datava dos anos 1960 ou 1970 — do carpete felpudo e das bancadas da cozinha à luminária de entrada. E nós amávamos aquilo. Porque era um lar. Quando David se mudou para o apartamento, poucos meses antes de nosso casamento, tornou-se um suplício entrar no carro à noite e dirigir de volta para meu pequeno dúplex. Eu amava David, e tudo o que eu queria era que estivéssemos em casa, em nosso lar, juntos.

Moramos em vários lugares depois de Abacatelândia. E hoje, enquanto escrevo, há uma placa de "Vende-se" no portão de entrada. Moramos nesta casa por mais de vinte anos e passamos por muitas coisas dentro dela. Mas a empresa de David está em expansão e precisa de mais espaço,[1] então estamos nos mudando para algumas quadras daqui, para uma casa mais adequada à nossa atual situação pessoal e profissional. Curiosamente, estamos muito mais exigentes com carpetes, luminárias e bancadas de cozinha do que éramos trinta anos atrás, quando Abacatelândia nos fez tão felizes. Mas, na verdade, sabemos que a mesma coisa que nos fez felizes na Estrada Alford nos fará felizes na nova moradia — estar em casa, em nosso lar, juntos.

Esse desejo que todas nós temos de estar em casa, com aqueles a quem amamos, deve ser um aspecto de

---

1. Meu marido, David, e seu sócio, Rob Howard, têm uma empresa chamada Little Big Stuff Music, que cria músicas infantis fabulosas, engraçadas e biblicamente sãs para igrejas e escolas cristãs. A sede da empresa fica em nossa casa. Veja https://littlebigstuff.com/.

sermos criadas à imagem de Deus, pois a história da Bíblia é a história de Deus executando seu plano de estar em casa com seu povo. O grande desejo do coração de Deus, revelado de Gênesis a Apocalipse, é estar em casa com seu povo num lugar onde nada possa separar-nos, alienar-nos ou contaminar-nos, desfrutando de um relacionamento face a face de pura alegria, sem despedidas. Na verdade, uma das maiores maravilhas da história bíblica é que ela é muito mais sobre o desejo de Deus de habitar com seu povo do que sobre o desejo do povo de habitar com ele. Isso não parece um pouco surpreendente? Não deveríamos ser nós a desejar ardentemente viver na sua presença?

Sim, muitas de nós ansiamos por ser aliviadas da vida neste mundo doente pelo pecado. Mas eu não estou certa de que isso é o mesmo que ter um anelo por estar em casa com Deus. Muitas de nós seríamos obrigadas a admitir que nosso relacionamento com Deus não é, nem de longe, tão apaixonado quanto gostaríamos, e nosso desejo de estar com ele não é tão forte quanto deveria ser. Às vezes nos damos conta de que queremos manter Deus a uma distância segura. Estamos dispostas a acomodá-lo no quarto de hóspedes, nos fundos da casa, para que ele esteja perto quando precisarmos dele, mas não o queremos perto o suficiente para se intrometer em nossa vida. Felizmente, a Bíblia revela, com muita clareza, que as intenções de Deus não podem ser frustradas pela apatia de seu povo. A história humana é um relato do persistente intento de Deus de estabelecer seu lar conosco, apesar de nossa predisposição flutuante de encontrar nele nosso lar.

Em casa com seu povo no Éden

"No princípio, criou Deus os céus e a terra", como um santuário cheio de bondade, onde ele planejava habitar com seu povo.[2] Deus mobiliou esse lar com plantas de flores coloridas, supriu-o com ruidosas correntes de água e o inundou com a luz radiante que brilhava do céu azul. (Talvez até houvesse um ou dois abacateiros por lá.) Sua intenção era que o jardim se espalhasse, de modo que toda a terra se tornaria um lar que ele partilharia com os portadores de sua imagem. Mas sucedeu que Adão e Eva, com efeito, estenderam o tapete de boas-vindas a um invasor, a serpente, e deixou que esse invasor se sentisse em casa no lar de Deus.

---

2. "O jardim é 'o jardim de Deus'; não é, em primeira instância, uma habitação para o homem enquanto tal, mas especificamente um lugar de introdução do homem à comunhão com Deus, no lugar de habitação do próprio Deus. [...] Não pode haver dúvida quanto ao princípio de que o paraíso é a habitação de Deus, onde ele habita a fim de fazer o homem habitar com ele." Geerhardus Vos, *Teologia bíblica: Antigo e Novo Testamentos*, 2ª ed. (São Paulo: Cultura Cristã, 2010).

Lemos em Gênesis 3.8 que Adão e Eva "ouviram a voz do SENHOR Deus, que andava no jardim pela viração do dia". Talvez isso soe como se Deus estivesse fazendo seu costumeiro passeio da tarde pelo jardim quando foi pego de surpresa ao flagrar a rebelião que ocorrera em sua ausência. Mas não foi isso que aconteceu. Talvez sua Bíblia apresente uma tradução alternativa para "pela viração do dia", pois as palavras hebraicas também poderiam ser traduzidas por "no 'vento'" ou "no 'espírito' do dia". Então, talvez devamos entender que Adão e Eva ouviram Deus vindo no espírito "do dia", ou seja, vindo no espírito do dia do julgamento.[3] Ao longo da Bíblia, lemos sobre "o dia" ou "o dia do Senhor", quando Deus virá em julgamento e salvação. Claramente, aquele dia no Éden foi o primeiro desses dias. Aquele era um dia de julgamento, o que, para Adão e Eva, significava também um dia de despejo. Eles não poderiam mais viver no puro santuário do Éden, na presença de um Deus santo, pois se haviam tornado um povo impuro.

---

3. "A expressão-chave que descreve a passagem de Deus pelo jardim, tradicionalmente traduzida como 'pela viração do dia', deveria ser vertida por 'como o Espírito do dia'. 'Espírito', aqui, denota a Glória teofânica, como ocorre em Gênesis 1.2 e em outros lugares da Escritura. E 'o dia' tem a mesma conotação que aparece com frequência nas predições dos profetas acerca do grande julgamento vindouro (cf. também Jz 11.27 e 1Co 4.3). Aqui, em Gênesis 3.8, está o primeiro dia do Senhor, o protótipo a partir do qual foram moldadas as imagens subsequentes dos outros dias do Senhor." Meredith Kline, *Kingdom Prologue: Genesis Foundations for a Covenantal Worldview* (Eugene, OR: Wipf & Stock, 2006), 129.

Mas a intenção de Deus de habitar com um povo santo numa terra santa não poderia ser frustrada pelo pecado humano. Pelo contrário, Deus começou a executar seu plano para tornar possível que os pecadores se tornassem limpos e santos, a fim de viverem na sua presença. Deus disse a Abraão para deixar sua terra e sua parentela para edificar um novo lar numa nova terra (Gn 12.3). "Ali edificou Abrão um altar ao SENHOR, que lhe aparecera. Passando dali para o monte ao oriente de Betel, armou a sua tenda" (Gn 12.7-8). Abraão edificou um altar, um pequeno santuário, naquele lugar onde Deus lhe aparecera, em Betel, um nome que significa "casa de Deus". A Bíblia está desenvolvendo um padrão que conecta a presença de Deus ao fogo, ao sacrifício e ao lar.

Depois, Deus apareceu novamente a Abraão e fez uma aliança "para ser o teu Deus e da tua descendência. Dar-te-ei e à tua descendência a terra das tuas peregrinações, toda a terra de Canaã, em possessão perpétua, e serei o seu Deus" (Gn 17.7-8). Deus estava dizendo: *Nós estaremos unidos para sempre por meio de uma aliança perpétua. E no cerne desta aliança está o relacionamento. Eu serei o seu Deus.* Você ouve a intimidade? Deus não está simplesmente dizendo que será o Deus do mundo num sentido geral, muito embora ele seja o Deus de toda a terra. Ele está sendo pessoal. *Eu serei o seu Deus e lhe proporcionarei um lar onde nós poderemos desenvolver juntos esse relacionamento.*

Deus reiterou essa promessa ao filho de Abraão, Isaque, ao lhe aparecer dizendo: "Eu sou o Deus de Abraão, teu pai. Não temas, porque eu sou contigo; abençoar-te-ei e multiplicarei a tua descendência por amor de Abraão, meu servo. Então, [Isaque] levantou ali um altar e, tendo invocado o nome do Senhor, armou a sua tenda" (Gn 26.24-25). Isaque queria viver o mais perto possível do lugar no qual Deus o visitara. Então, ele armou ali sua tenda. Uma geração depois, Jacó, o filho de Isaque, também edificou um altar, estabelecendo um pequeno santuário no mesmo lugar em que seu avô Abraão experimentara a presença de Deus na terra (Gn 35.3).

Na geração seguinte, porém, os filhos de Jacó se achavam no Egito, muito longe do lar que Deus havia prometido a Abraão, Isaque e Jacó. Deus enviou ao seu povo um libertador para tirá-los do Egito e guiá-los ao lar que ele pretendia partilhar com eles. Deus desceu para guiá-los e protegê-los numa coluna de nuvem, durante o dia, e numa coluna de fogo, durante a noite. Sempre que eles se questionassem se Deus se importava com eles, bastava olhar para cima, para o céu, e ver sua presença na coluna de nuvem e de fogo. Deus os conduziu em segurança pelo mar Vermelho até o pé do monte Sinai, e convidou Moisés a subir o monte e encontrar-se com ele. Ali no monte, Deus entregou a Moisés o projeto de um lar, uma tenda, na qual ele pretendia descer e, assim, habitar no meio de seu povo. Embora, no passado, houvesse aparecido ocasionalmente a Abraão, Isaque, Jacó e Moisés, Deus pretendia mudar-se para a vizinhança. Ele desejava uma presença mais permanente entre seu povo. Ele queria estar no centro de seu acampamento e, mais importante, no centro de sua vida.

Em casa com seu povo no deserto

"E me farão um santuário", disse Deus a Moisés, "para que eu possa habitar no meio deles. Segundo tudo o que eu te mostrar para modelo do tabernáculo e para modelo de todos os seus móveis, assim mesmo o fareis" (Êx 25.8-9). Uma vez que os israelitas estavam morando em tendas no deserto, e Javé desejava habitar no meio de seu povo, ele também pretendia morar numa tenda. Essa tenda (ou tabernáculo) deveria ser construída segundo as especificações bem detalhadas que Deus fornecera. O escritor de Hebreus diz que o tabernáculo e, depois, o templo eram uma "figura do verdadeiro" (Hb 9.24) e uma "sombra dos bens vindouros" (Hb 10.1). Essa tenda destinava-se a servir como um lembrete ou uma réplica do lar que Deus outrora partilhara com seu povo no Éden. Ao mesmo tempo, oferecia uma prévia do lar que Deus pretendia partilhar com seu povo no novo céu e na nova terra, bem como o caminho pelo qual ele tornaria possível que eles vivessem na sua presença. Nos detalhes do projeto do tabernáculo, vemos um reflexo do paraíso do Éden, bem como um modelo arquitetônico do Éden 2.0.

Assim como a criação original tinha três partes — o Éden, onde a presença de Deus era experimentada; um jardim mais amplo, anexo ao Éden, que era banhado pelos rios que fluíam do Éden (Gn 2.10); e a terra inóspita na qual Adão, Eva e sua descendência posteriormente habitariam —, também o tabernáculo se dividia em três partes principais. Havia um ambiente interior, chamado "Santíssimo Lugar" ou "Santo dos Santos", onde Deus habitaria. Ao lado, estava um ambiente exterior, chamado "lugar santo", onde os sacerdotes serviam. Ao redor, estava um átrio onde os israelitas comuns podiam reunir-se para oferecer seus sacrifícios.[4]

O Lugar Santíssimo, por ser o ambiente no qual Deus habitaria na terra, era concebido como uma embaixada dos céus. O salmista descreveu deste modo: "Construiu o seu santuário como as alturas; como a terra o firmou para sempre" (Sl 78.69). As cores usadas refletiam o azul do céu e a realeza do grande Rei que ali habitava. A cobertura

---

4. Ver G. K. Beale e Mitchell Kim, *God Dwells Among Us* (Downers Grove, IL: InterVarsity Press, 2014), 21-23.

de ouro puro que revestia cada recanto retratava a glória de Deus que irradia em cada canto dos céus. O coração do ambiente — a arca da aliança — refletia o coração do próprio Deus. A arca continha as tábuas de pedra nas quais os Dez Mandamentos haviam sido gravados, mandamentos que refletem o caráter divino. A arca da aliança era coberta pelo propiciatório, ou lugar de expiação, que demonstrava sua provisão para os pecadores — misericórdia e expiação. Uma vez ao ano, o sumo sacerdote atravessaria o pesado véu que separava o lugar santo daquele ambiente, o Santíssimo Lugar, e aspergiria sobre o propiciatório o sangue de um animal sacrificado. Desse modo, Deus veria o sangue de um sacrifício expiatório e ficaria satisfeito (Êx 25.10-22).

No ambiente exterior, o lugar santo, haveria uma mesa na qual se colocariam os pães da presença, um candelabro para iluminar e um altar no qual o sacerdote queimaria incenso toda manhã e toda tarde (Êx 25.23-40; 30.1-10). No átrio que cercava a tenda, haveria um altar de bronze no qual os sacerdotes ofereceriam sacrifícios, bem como uma bacia de bronze usada pelos sacerdotes para a purificação cerimonial (Êx 27.1; 30.18).

O bdélio e a pedra de ônix usados na construção do tabernáculo eram as mesmas pedras preciosas encontradas no Éden (Gn 2.12). O candelabro era projetado para parecer uma árvore florida, similar à árvore da vida no Éden. A imagem de dois querubins era costurada no véu, como que guardando o trono de Deus, assim como dois querubins guardavam a entrada do Éden. Porém, mais importante, assim como Deus se encontrava com seu povo no Éden, Deus agora prometia: "E habitarei no meio dos filhos de Israel e serei o seu Deus. E saberão que eu sou o SENHOR, seu Deus, que os tirou da terra do Egito, para habitar no meio deles; eu sou o SENHOR, seu Deus" (Êx 29.45-46).

Era de se esperar que uma vida literalmente edificada em torno do tabernáculo manteria o coração do povo envolvido na expectativa do dia em que Deus habitaria no meio deles, não encoberto pela tenda e acessado pelo sumo sacerdote uma vez ao ano, mas de um modo mais íntimo e acessível. Era de se esperar que o sacrifício contínuo de touros, bodes e cordeiros infundiria em seu povo um anelo pelo sacrifício que Deus proveria de uma vez por todas, o qual seria tão valioso, tão perfeito e tão amplamente aceitável que os sacrifícios de animais terminariam. Era de se esperar que o acesso limitado a essa presença no tabernáculo os encheria de um anelo pelo dia em que eles poderiam, com confiança, achegar-se ao trono da graça, a fim de receber misericórdia e achar graça para socorro em ocasião oportuna (Hb 4.16).

Quando a obra do tabernáculo foi concluída segundo o modelo que Deus fornecera, "a nuvem cobriu a tenda da congregação, e a glória do Senhor encheu o tabernáculo" (Êx 40.34). Eles puderam ver a presença de Deus com os olhos naturais, na pesada nuvem que desceu sobre o tabernáculo. Mas o povo de Deus teve de manter distância. Eles estavam limitados ao átrio exterior, excluídos do tabernáculo em si, no qual apenas os sacerdotes podiam entrar. Deus estava no meio de seu povo, mas ainda fora do alcance dos crentes comuns.

Deus permaneceu no meio de seu povo, no tabernáculo, durante os quarenta anos em que o lar deles era um lugar bem inóspito — o deserto. E, quando chegou o dia em que eles finalmente estavam prontos para se mudar para seu lar mais permanente em Canaã, Moisés lhes disse para ficar à procura do lugar onde Deus faria seu lar mais permanente no meio deles. Moisés lhes disse: "Mas buscareis o lugar que o Senhor, vosso Deus, escolher de todas as vossas tribos, para ali pôr o seu nome e sua habitação" (Dt 12.5).

Em casa com seu povo no templo

Passaram-se quinhentos anos até o rei Davi finalmente encontrar o lugar. O Senhor o instruiu a construir um altar na eira de Ornã, o jebuseu. Quando ele apresentou holocaustos e sacrifícios pacíficos ali, o Senhor lhe respondeu com fogo do céu (1Cr 21). Davi havia experimentado a presença do Senhor consigo desde menino, quando cuidava do rebanho de seu pai, mas não dessa maneira — não de forma visível, em forma de fogo. Experimentar a presença de Deus daquela forma o convenceu de que aquele era o lugar para construir uma casa para Deus (1Cr 22.1).

Davi havia construído um belo palácio para si mesmo em Jerusalém e não conseguia aceitar que o grande Rei, de quem ele era um mero vice-regente, morasse numa tenda — o tabernáculo que lhe fora construído quinhentos anos antes. Assim, Davi se comprometeu a construir uma casa para Deus. Seus motivos eram certamente bons, mas ele estava se colocando à frente de Deus. Deus disse a Davi, por meio do profeta Natã:

> Em casa nenhuma habitei, desde o dia que fiz subir a Israel até ao dia de hoje; mas tenho andado de tenda em tenda, de tabernáculo em tabernáculo. Em todo lugar em que andei com todo o Israel, falei, acaso, alguma palavra com algum dos seus juízes, a quem mandei apascentar o meu povo, dizendo: Por que não me edificais uma casa de cedro? (1Cr 17.5-6)

Enquanto seu povo vagasse — o que ocorrera por muitos anos no deserto e ainda ocorria, enquanto eles continuavam a tomar posse da terra de Israel —, Deus pretendia vagar com ele. Apenas quando todos os seus inimigos fossem derrotados e seu povo se estabelecesse em segurança, Deus estaria pronto para se mudar da tenda itinerante para um lar permanente. Davi deveria continuar subjugando os inimigos de Israel, ao passo que caberia ao seu filho Salomão construir o templo.

Porém, Davi, de fato, começou a coletar o material necessário para construir o templo. Ele organizou os levitas, os sacerdotes, os músicos, os porteiros, os tesoureiros e outros oficiais. (Ao ver quantos capítulos na Bíblia são dedicados à construção do tabernáculo e do templo, aos seus oficiais e a tudo o mais relacionado, você não percebe que o lugar no qual Deus pretendia habitar no meio de seu povo era algo muito importante para ele?) "Deu Davi a Salomão, seu filho, a planta do pórtico com as suas casas, as suas tesourarias, os seus cenáculos e as suas câmaras interiores, como também da casa do propiciatório. Também a planta de tudo quanto tinha em mente, com referência aos átrios da Casa do SENHOR" (1Cr 28.11-12). "Tudo isto", explicou Davi, "me foi dado por escrito por mandado do SENHOR, a saber, todas as obras desta planta" (1Cr 28.19). Assim como Moisés recebera de Deus o projeto ou modelo para o tabernáculo, também Davi recebeu como revelação de Deus os projetos para o templo, que tinha os mesmos ambientes, a mesma forma e a mesma mobília do tabernáculo.

Lemos em 2 Crônicas 3.1: "Começou Salomão a edificar a Casa do Senhor em Jerusalém, no monte Moriá, onde o Senhor aparecera a Davi, seu pai, lugar que Davi tinha designado na eira de Ornã, o jebuseu". A eira que Davi comprara para construir o templo situava-se no monte Moriá, onde Deus descera para se encontrar com Abraão e havia providenciado um cordeiro para ser sacrificado no lugar do filho de Abraão. Aquele fora o lugar no qual Deus descera em fogo e aceitara o sacrifício de Davi. Quando o templo foi construído, tornou-se o lugar onde Deus descia para aceitar os sacrifícios do povo que eram oferecidos em número e frequência muito maiores. Aquele era um projeto e um processo construtivo sem precedentes na história da construção. Todas as pedras eram preparadas na pedreira, "de maneira que nem martelo, nem machado, nem instrumento algum de ferro se ouviu na casa quando a edificavam" (1Rs 6.7). Essa casa santa foi erguida em silêncio santo num prazo de sete anos.

Quando os israelitas andavam pelo templo, eram levados de volta ao passado — de volta à beleza da casa que Deus construíra muito tempo antes, aquela primeira embaixada dos céus, o jardim do Éden. O templo em Jerusalém tinha colocíntidas e flores abertas esculpidas em suas paredes de cedro; romãs esculpidas em sua obra de rede; dois querubins feitos de madeira com asas estendidas, aparentando guardar o Lugar Santíssimo; uma bacia com a aparência de um lírio; candelabros com a aparência de árvores com seus ramos; e o véu costurado de fios em tons azul, púrpura e carmesim — tudo revestido de ouro reluzente. Mas o templo também apontava para a frente, para algo que Deus faria no futuro para habilitar seu povo a estar em casa com ele novamente, um dia em que o céu desceria à terra, para que a terra se tornasse o céu.[5]

Quando a obra foi concluída, o povo se reuniu para uma dedicação, e a arca da aliança foi colocada em seu lugar, no santuário interior do templo. "Tendo os sacerdotes saído do santuário, uma nuvem encheu a Casa do SENHOR, de tal sorte que os sacerdotes não puderam permanecer ali, para ministrar, por causa da nuvem, porque a glória do SENHOR enchera a Casa do SENHOR" (1Rs 8.10-11). Salomão disse a Deus: "Na realidade construí para ti um templo magnífico, um lugar para nele habitares para sempre!" (v. 13, NVI). Salomão esperava que o templo fosse o lugar na terra onde a presença de Deus seria encontrada. "O Senhor, nosso Deus, seja conosco, assim como foi com nossos pais", orou ele (1Rs 8.57).

---

5. Ver Nancy Guthrie, *The Word of the Lord: Seeing Jesus in the Prophets* (Wheaton, IL: Crossway, 2014), 223.

E Deus respondeu àquela oração. Deus estava com seu povo no Lugar Santíssimo do templo. Porém, com o tempo, seu povo deu por certa sua presença ali, e a subestimou. O reino se dividiu, e o reino do norte construiu o seu próprio "templo" em Samaria. Os reis de Judá oscilavam no tocante à reverência pelo templo. Uma guinada decisiva, para pior, sucedeu quando o rei Manassés construiu altares para deuses pagãos, não apenas nas colinas que circundavam a cidade, mas também no meio do templo (2Rs 21.4-6)! Quando consideramos o cuidado que Deus teve para assegurar a santidade e pureza de sua habitação, isso deveria causar-nos náuseas. E, então, quando pensávamos que não poderia ficar pior, lemos que em 597 a.C., quando Nabucodonosor da Babilônia sitiou Jerusalém, "o rei da Babilônia [...] levou dali todos os tesouros da Casa do SENHOR e os tesouros da casa do rei; e, segundo tinha dito o SENHOR, cortou em pedaços todos os utensílios de ouro que fizera Salomão, rei de Israel, para o templo do SENHOR" (2Rs 24.12-13). Todos os belos utensílios da habitação do único Deus verdadeiro foram despedaçados e levados para uso nos templos dos falsos deuses de Nabucodonosor (ver Ed 1.7).

O profeta Ezequiel já estava exilado na Babilônia quando lhe chegaram as notícias da destruição do templo. Ele era um homem que amava a casa de Deus e havia pretendido dedicar sua vida trabalhando lá como sacerdote;

por isso, as notícias o devastaram. Numa visão, ele viu o seguinte: "Então, se levantou a glória do SENHOR de sobre o querubim, indo para a entrada da casa; a casa encheu-se da nuvem, e o átrio, da resplandecência da glória do SENHOR" (Ez 10.4). Quando estamos em nossa casa e andamos em direção à porta, o que estamos fazendo? Estamos saindo. Ezequiel viu a glória de Deus movendo-se para a porta, a fim de deixar o templo que ele amava.[6] Porém, depois, em sua visão, ele viu a glória de Deus se movendo para o leste — na direção dos exilados na Babilônia! O Deus que ama habitar com seu povo estava saindo na direção de seu povo, dizendo: "Eu serei um santuário para eles" (ver Ez 11.16). O verdadeiro santuário de Deus, o lugar onde o povo de Deus (inclusive eu e você) encontra seu lar, não é onde os tijolos estão, mas onde Deus está. Certamente, era isso que Moisés queria dizer no Salmo 90.1, ao declarar: "Senhor, *tu* tens sido o nosso lugar de habitação, de geração em geração" (tradução livre). Estamos começando a compreender, ao longo dessa história bíblica, que nosso anseio por um lar não é o anseio por um lugar, mas por uma pessoa.

Posteriormente, Ezequiel recebeu a visão de um templo futuro. As dimensões desse templo foram dadas a Ezequiel não em metros ou centímetros, mas

---

6. Veja ibid., 226-29.

em quilômetros. Isso é interessante. Fica claro que esse templo terá dimensões muito maiores que o primeiro templo em Jerusalém. Em sua visão, ele observou a glória tangível e visível de Deus chegando do leste, da direção dos exilados na Babilônia, para habitar em seu novo templo. O altar, os sacerdotes, as festas e os festivais, as ofertas e os sacrifícios em sua visão desse novo templo, tudo parece semelhante ao templo anterior, mas há diferenças drásticas que nos fazem pensar que Ezequiel não está vendo um templo arquitetônico na cidade histórica de Jerusalém, mas, em vez disso, um templo espiritual que definirá a Nova Jerusalém. Ezequiel descreve águas fluindo desse templo. Por onde esse rio passa, tudo se torna vivo e saudável de novo. Ezequiel o vê transformando o mundo à medida que a bênção de Deus é derramada desse novo templo para os confins da terra. Às margens do rio, há árvores. Ezequiel escreve: "Não fenecerá a sua folha, nem faltará o seu fruto; nos seus meses, produzirá novos frutos, porque as suas águas saem do santuário; o seu fruto servirá de alimento, e a sua folha, de remédio" (Ez 47.12). Enquanto lemos, vemos algo familiar. Tudo se parece novamente com o jardim do Éden, só que ainda melhor. Parece que Ezequiel está descrevendo a água viva do evangelho, fluindo de Jerusalém para todas as nações. Parece com o que lemos em Apocalipse 21 e 22, o templo da nova cidade-jardim, então percebemos que o templo que Ezequiel observou em sua visão não é senão o novo céu e a nova terra.

Quando o povo de Deus foi autorizado a retornar para Jerusalém sob a liderança de Esdras e Neemias, eles começaram a reconstruir o templo, mas ficaram distraídos. Deus lhes falou pelo seu profeta Ageu, encorajando-os a continuar a obra. Deus prometeu por meio de Ageu: "Farei abalar todas as nações, e as coisas preciosas de todas as nações virão, e encherei de glória esta casa [...] A glória desta última casa será maior do que a da primeira, diz o Senhor dos Exércitos; e, neste lugar, darei a paz, diz o Senhor dos Exércitos" (Ag 2.7-9).

Posteriormente, Deus falou pelo profeta Malaquias, prometendo: "De repente, virá ao seu templo o Senhor, a quem vós buscais, o Anjo da Aliança, a quem vós desejais; eis que ele vem, diz o Senhor dos Exércitos" (Ml 3.1). Mas não houve sinal do Senhor voltando ao templo reconstruído. Não foram vistos nuvem, fogo ou alguma aparição da presença de Deus. Cerca de duzentos anos depois, um dos sucessores de Alexandre, o Grande, decidiu abolir o culto ancestral dos judeus e, por três anos, o templo de Jerusalém foi entregue ao culto de uma divindade grega, que os judeus chamaram "o abominável da desolação". Então, em 19 a.C., Herodes, um governador de Israel designado por Roma, começou, mais uma vez, o trabalho de reconstrução do templo em ruínas.

Em casa com seu povo em Jerusalém

Foi ao templo de Herodes que Maria e José levaram seu filho aos oito dias de vida. O Senhor, a quem o povo de Deus por tanto tempo aguardara, repentinamente veio ao seu templo. Simeão, um homem que passara a vida esperando o Senhor vir ao seu templo, viu o bebê e o reconheceu naquele dia (Lc 2.25-33). Doze anos depois, Jesus viajou a Jerusalém com seus pais e se deteve no templo. Seus pais, em pânico, o encontraram assentado entre os mestres, ouvindo-os e fazendo-lhes perguntas. Ele parecia sentir-se perfeitamente em casa, perguntando aos seus pais: "Por que me procuráveis? Não sabíeis que me cumpria estar na casa de meu Pai?" (Lc 2.49).

Emanuel, Deus conosco, viera habitar no meio de seu povo. Em João, lemos: "E o Verbo se fez carne e habitou entre nós [...] e vimos a sua glória" (Jo 1.14). Mais uma vez, a glória de Deus descera para habitar (ou, para usar a palavra grega que João emprega, "tabernacular") entre seu povo. Dessa vez, ele não veio em forma de nuvem e fogo, mas em carne e sangue.

Jesus ensinou no templo, curou no templo e expulsou os vendilhões do templo. Quando os judeus questionaram sua autoridade para fazê-lo, ele disse: "Destruí este santuário, e em três dias o reconstruirei" (Jo 2.19). Aquilo soou confuso para todos os que ouviram, pois seus dez milhares de trabalhadores haviam trabalhado por quarenta e seis anos para reconstruí-lo. João explica o que Jesus queria dizer: "Ele, porém, se referia ao santuário do seu corpo. Quando, pois, Jesus ressuscitou dentre os mortos, lembraram-se os seus discípulos de que ele dissera isto; e creram na Escritura e na palavra de Jesus" (Jo 2.21-22). Foi somente após a ressurreição de Jesus que eles puderam ver que o edifício que eles buscaram como seu lar, ao longo dos séculos, era apenas uma sombra de seu verdadeiro lar, o verdadeiro templo, a pessoa de Jesus Cristo.

Mas nem todos viram isso com clareza. Em vez de celebrarem que a glória de Deus descera na pessoa de Jesus, os líderes do templo conspiraram para crucificar o Senhor da glória (1Co 7.8). Porém, a crucificação de Jesus não era meramente o resultado de uma trama humana contra ele; era, mais profundamente, o resultado de uma eterna e divina aliança da redenção feita entre o Pai e o Filho. Na cruz, o zelo pela casa de seu Pai — pelo plano do Pai de estabelecer seu lar com pecadores redimidos como você e eu — o consumiu, o esmagou, o matou. Na cruz, o verdadeiro templo foi destruído, ao mesmo tempo que o Grande Sumo Sacerdote oferecia o perfeito sacrifício. E, em apenas três dias, o verdadeiro templo foi erguido, para nunca mais voltar a ser destruído.

Uma vez que o sacrifício foi oferecido, o véu que pendia entre o lugar santo e o Santíssimo, no templo em Jerusalém, rasgou-se de alto a baixo, uma dramática remoção da barreira que havia entre Deus e seu povo, abrindo um novo caminho para Deus habitar entre seu povo — e até mesmo no seu povo.[7] Deus não estivera presente no Lugar Santíssimo do templo já havia muito tempo e, com o véu rasgado, ficou claro que aquela era e aquela expectativa haviam terminado de uma vez por todas. Uma vez feita plena e definitiva expiação do pecado na morte de Cristo, Deus escancarou as portas para receber não apenas o sumo sacerdote, nem apenas aqueles nascidos num lar judaico, mas pessoas de toda tribo, língua e nação que queiram habitar na presença de Deus, uma vez santificadas pelo sangue de Cristo.

Em casa com seu povo na terra

Antes da morte de Jesus, os discípulos ficaram perturbados quando Jesus começou a lhes falar sobre sua

---

7. Quando o véu do templo se rasgou de alto a baixo, pôs um fim às três divisões do tabernáculo/templo. Agora o Espírito habita nos crentes, de sorte que nos tornamos o "lugar santo" onde Deus habita. Quando lemos em Apocalipse 22 sobre as dimensões da nova cidade/jardim, trata-se de um cubo perfeito, sugerindo que a terra inteira se terá tornado o Lugar Santíssimo. A promessa de Apocalipse 22.4, de que os habitantes do templo-cidade-jardim "contemplarão a sua face", indica que todos terão livre acesso a Deus e ao Cordeiro.

partida. Mas Jesus lhes disse que, na verdade, seria *melhor* para eles que ele fosse, pois, assim, a presença de Deus habitaria não apenas *entre eles*, mas *neles*. Imagine como deve ter sido para esses discípulos, cuja vida inteira estava centrada no templo, ouvir que eles não mais precisariam que a presença visível de Deus descesse outra vez sobre o tempo em Jerusalém. Em vez disso, Deus desceria sobre eles, individual e corporativamente, e ali permaneceria por toda a sua vida.

Foi exatamente isso que ocorreu no dia de Pentecostes. Cerca de cento e vinte daqueles que haviam posto sua fé em Cristo estavam reunidos quando pensaram ter ouvido o som de um vento impetuoso. Na verdade, era Deus soprando brando sobre eles. Então, eles viram fogo, o qual reconheceram como um símbolo da presença de Deus, mas esse fogo não desceu sobre uma sarça, um monte ou uma tenda, como nos dias de Moisés, tampouco sobre o templo, como nos dias de Salomão. Esse fogo desceu sobre o povo. Deus estava demonstrando, de forma visível, a realidade de sua presença vindo habitar *neles*. Eles estavam só começando a entender que se haviam tornado templos vivos, ambulantes e falantes nos quais Deus habita pelo seu Espírito.

Se você está unida a Cristo pela fé, também é parte desse templo vivo, ambulante e falante no qual Deus habita pelo seu Espírito. Pedro escreve que somos pedras vivas que estão sendo edificadas como uma casa espiritual (1Pe 2.5). E Paulo escreve que estamos "sendo edificados para habitação de Deus no Espírito" (Ef 2.19-22). Deus, de fato, está executando seu plano de habitar com seu povo.

Águas vivas estão fluindo do templo à medida que o evangelho é proclamado e abraçado, e vidas estão sendo curadas e saradas, exatamente como Ezequiel observou em sua visão do novo templo. Agora mesmo, Deus está edificando seu novo templo, a igreja, não com pedras talhadas em pedreiras no Oriente Médio, mas com pedras vivas, a vida de crentes ordinários como você e eu.

Apesar de Deus habitar em nós por seu Espírito, continuamos a anelar pelo dia em que nos relacionaremos com Deus face a face. "Agora, conheço em parte; então, conhecerei como também sou conhecido" (1Co 13.12). Às vezes, a solidão e as dificuldades da vida neste mundo são avassaladoras, e nossa vontade é simplesmente ir para casa. Gostaríamos de deixar o corpo e habitar com o Senhor (2Co 5.8). Estamos procurando uma pátria (Hb 11.14). Nós ouvimos a promessa: "Vou preparar-vos lugar. E, quando eu for e vos preparar lugar, voltarei e vos receberei para mim mesmo, para que, onde eu estou, estejais vós também" (Jo 14.2-3). E estamos prontas para ir.

Contudo, temos de confessar que há momentos em que nosso coração ainda não está de fato naquele lar. Às vezes estamos tão apegadas a este mundo, tão enamoradas por ele, tão envolvidas com ele, que bocejamos diante da promessa de estar em casa com Deus.

A boa notícia do evangelho é que Jesus mostrou pela casa de Deus o verdadeiro zelo que muitas vezes nos falta. Seu zelo foi creditado em nossa conta espiritual. Na cruz, Jesus tomou sobre si a punição que nós merecemos por nosso foco egocêntrico em nossa própria casa — edificando-a, decorando-a, mobiliando-a, limpando-a, morando nela —, em contraste com nosso parco entusiasmo pela casa de seu Pai. A boa notícia do evangelho é que Deus será fiel ao seu compromisso de vir e habitar conosco, seu povo, muito embora nosso desejo de habitar com ele seja muitas vezes fraco e hesitante.

Aproxima-se o dia em que todas nós ouviremos uma grande voz vinda do trono, dizendo: "Eis o tabernáculo de Deus com os seres humanos. Deus habitará com eles. Eles serão povos de Deus, e Deus mesmo estará com eles e será o Deus deles" (Ap 21.3, NAA). Enfim, estaremos em casa, juntos — não mais relacionando-nos com Deus a distância, não mais separadas dele por causa do nosso pecado. Sentiremos e conheceremos a intimidade com Deus como nunca. Não haverá a menor chance de sermos despejadas. Viveremos com aquele que nos conhece intimamente e nos ama perfeitamente. Seu desejo de habitar conosco será satisfeito, e tudo o que falta em nosso desejo de habitar com ele será suprido. Nosso coração será arrebatado pelo coração dele, de modo que nos sentiremos plenamente em casa na sua presença.

Até lá, continuamos buscando direcionar nosso coração para o lar, usando as palavras divinamente inspiradas dos salmos. Sempre que nos sentirmos tentadas a pensar que os prazeres deste mundo vão nos satisfazer, diremos:

> Tu me farás ver os caminhos da vida;
> na tua presença há plenitude de alegria,
> na tua destra, delícias perpetuamente. (Sl 16.11)

Sempre que a culpa do pecado for tão pesada que começarmos a duvidar se há mesmo um lugar para nós no lar que Deus está preparando, diremos:

> Bondade e misericórdia certamente me seguirão
> todos os dias da minha vida;
> e habitarei na Casa do SENHOR
> para todo o sempre. (Sl 23.6)

Sempre que nos pegarmos correndo atrás de coisas que nos deixam vazias, disciplinaremos nossos desejos dizendo:

> Uma coisa peço ao Senhor,
> e a buscarei:
> que eu possa morar na Casa do Senhor
> todos os dias da minha vida,
> para contemplar a beleza do Senhor
> e meditar no seu templo. (Sl 27.4)

Quando encontrarmos nosso coração frio para com as coisas de Deus e o lugar onde habitaremos com ele para sempre, atiçaremos as chamas do desejo em nosso coração, dizendo:

> Quão amáveis são os teus tabernáculos,
> Senhor dos Exércitos!
> A minha alma suspira e desfalece
> pelos átrios do Senhor;
> o meu coração e a minha carne exultam
> pelo Deus vivo! (Sl 84.1-2)

E continuaremos cantando sobre o lar que partilharemos com nosso Deus pela eternidade:

> Nosso Deus, no passado, nosso alento,
> Esperança em anos vindouros,
> Nosso abrigo do temporal violento,
> E nosso lar imorredouro.

Sob a sombra do trono onde te assentas
Teus santos encontram guarida;
Suficiente nos é teu braço apenas,
Nossa defesa é garantida.
Antes que os montes fossem ordenados,
Ou a terra adisse sua moldura,
Tu és sempre Deus desde os tempos passados,
E até a eternidade futura.

Aos teus olhos, nosso Deus, eras mil
São iguais noite que logo passa;
Curtas qual vigília que se concluiu
Antes ainda que o sol nasça.

Tempo, como um riacho que sempre corre,
Leva embora toda sua cria;
Voa esquecida, como um sonho que morre
Logo na abertura do dia.

Nosso Deus, no passado, nosso alento,
Esperança em anos vindouros,
Nosso abrigo do temporal violento,
E nosso lar imorredouro.[8]

---

8. Isaac Watts, "O God, Our Help in Ages Past", 1719 [Tradução de Ingrid Rosane de Andrade Fonseca em Douglas Bond, *O encanto poético de Isaac Watts* (São José dos Campos: Fiel, 2014) (N.T.)].

A história da *Cidade*

Recentemente, o jornal londrino *Telegraph* publicou sua lista anual das melhores cidades para se viver, juntamente com as razões pelas quais cada uma delas é tão boa para se morar.[1] A lista inclui:

- Estocolmo, na Suécia, a capital mais limpa segundo as estatísticas da Organização Mundial de Saúde.

---

1. "These are the 20 Greatest Cities to Live In", Telegraph Media Group Ltd., 14 jun. 2017, http://www.telegraph.co.uk/travel/galleries/The-worlds-most-liveable-cities/.

- Melbourne, na Austrália, uma metrópole temperamental, complexa e intelectual, obcecada por arte, comida e café.
- Berlim, na Alemanha, onde as festas podem durar dias em vez de horas.
- Amsterdã, na Holanda, que combina seu passado reluzente com uma irônica, agitada e rebelde inquietude contemporânea.
- Vancouver, na Colúmbia Britânica, onde todo mundo é feliz — sem as nevascas de Ontário, a poluição de Los Angeles e o caos de Hong Kong. Apenas montanhas, mar, imensos céus e ruas largas.
- Zurique, na Suíça, onde as ruas são limpas e os bondes são pontuais.

O primeiro lugar da lista, que eles descrevem como o melhor lugar para morar, é Viena, na Áustria. Eles a apresentam como uma cidade que encanta e seduz à primeira vista, mas que, quanto mais longa a estada, mais se revela uma variedade aparentemente interminável de coisas para ver e fazer.

Tenho certeza de que essas cidades são maravilhosas. Gostaria de visitar cada uma delas. Mas, quando as bisbilhotei pela internet, descobri coisas interessantes sobre essas cidades que aquele artigo não mencionava.

Sim, Estocolmo, na Suécia, é uma cidade limpa, mas o número de mulheres suecas que dizem ter sido vítimas de algum tipo de abuso sexual no último ano está em alta. Sim, Melbourne, na Austrália, pode ser uma metrópole intelectual, mas o medo do terrorismo, especialmente de atentados com veículos, fez com que, recentemente, obstáculos de concreto fossem instalados em nove espaços públicos principais. Sim, Berlim, na Alemanha, pode ter festas que duram dias, mas o afluxo de refugiados a uma média de quatrocentos por dia colocou a cidade à beira de uma crise humanitária. Sim, Amsterdã é inquieta, mas essa inquietude se manifesta em turistas intensamente drogados passeando por vitrines em que profissionais do sexo oferecem seu corpo por dinheiro. Sim, há inúmeras pessoas felizes em Vancouver, na Colúmbia Britânica, mas também há uma escassez de moradias a preço acessível e uma investigação por corrupção em campanha política. Sim, as ruas são limpas em Zurique, mas, recentemente, o ministro da defesa anunciou que a questão não é *se*, mas *quando* ocorrerá um ataque terrorista na Suíça. E até mesmo Viena, que encanta e seduz, tem um problema devido ao excesso de pombos e batedores de carteira.

Por mais belas e convidativas, culturalmente ricas e economicamente vibrantes que sejam as maiores cidades do mundo, todas têm um ponto fraco desagradável. Qualquer pessoa que esteja disposta a abrir os olhos para as áreas da cidade normalmente ignoradas será forçada a ver moradias precárias, práticas trabalhistas injustas, desemprego e preconceito racial. Qualquer pessoa que já olhou nos olhos de uma mãe cujo filho foi morto pela violência das gangues; ou sentou-se com uma vítima de estupro num tribunal; ou ensinou numa sala de aula cujos alunos frequentemente chegam com fome; ou parou para conversar com um mendigo que é veterano da missão de resgate — nenhuma dessas pessoas precisa ser convencida de que nenhuma cidade faz jus à descrição da secretaria de turismo.

Bem, talvez isso não seja inteiramente verdade. Há uma cidade que certamente faz jus a todos os superlativos de sua descrição, uma cidade que não decepciona, uma cidade em que há justiça perfeita, provisão abundante e segurança completa. A história da Bíblia é a história dessa cidade. Mas, na verdade, a história da Bíblia é a história de duas cidades: a cidade dos homens e a cidade de Deus. E a coisa mais importante a respeito de sua história é em qual cidade você estabeleceu seu lar.

A cidade de Enoque

Não sabemos onde o Éden se situava. Temos a impressão de que se localizava numa montanha, uma vez que rios fluíam de lá, e o profeta Ezequiel o descreve como o "monte de Deus" (Ez 28.14-16). O que está claro no relato do Éden em Gênesis é que a cidade dos homens, ou ao menos o espírito dela, invadiu o jardim de Deus. A cidade dos homens é uma cidade de ganância; e Adão e Eva se tornaram gananciosos por mais. A cidade dos homens é marcada por uma rejeição da palavra de Deus e pela exclusão da presença de Deus; e Adão e Eva rejeitaram a palavra de Deus e passaram a sentir pavor da presença de Deus. A cidade dos homens fez uma aliança com o deus deste século; e foi isso que Adão e Eva fizeram no jardim. A cidade dos homens faz a falsa promessa de que homens e mulheres podem ser como deuses; o que é exatamente a falsa promessa que a serpente fez a Eva.

Quando viramos a página de Gênesis 3, em que Adão e Eva foram banidos do jardim, lemos em Gênesis 4 a história de Caim assassinando Abel, seu irmão, e tornando-se "fugitivo e errante pela terra" (Gn 4.12). Caim sentiu a vulnerabilidade de estar por conta própria e estava certo de que seria morto por qualquer um que o encontrasse. Então, graciosamente, Deus pôs um sinal em Caim "para que o não ferisse de morte quem quer que o encontrasse" (v. 15). Graciosamente, Deus proporcionou segurança a Caim por meio desse sinal, fosse lá o que fosse. Mas Caim não creu que esse sinal de fato o protegeria. Ele não queria nada com o Deus que lhe dera o sinal, então "retirou-se [...] da presença do SENHOR e habitou na terra de

Node, ao oriente do Éden. [...] Caim edificou uma cidade e lhe chamou Enoque, o nome de seu filho" (v. 16-17).

Caim não confiou na segurança que Deus lhe proporcionara, então decidiu criar sua própria segurança na forma de uma cidade. Ele deu à cidade o nome de Enoque, que significa "iniciação" ou "dedicação". Caim iniciou uma cidade dedicada às suas preferências, incluindo sua preferência de que Deus simplesmente ficasse de fora. Nessa cidade, não havia interesse em obedecer aos mandamentos de Deus — incluindo o mandamento divino de que um homem se unisse a uma mulher para toda a vida, de modo que não ficamos muito surpresas ao ler que um dos descendentes de Caim tomou duas esposas (v. 19). A arte, a cultura e a tecnologia estavam se desenvolvendo nessa cidade, mas algo de podre também estava se formando ali. Gênesis registra que um habitante dessa cidade, Lameque, disse às suas esposas: "Matei um homem porque ele me feriu" (v. 23). Encoste nesse cara do jeito errado e você morre. Obviamente, segurança duradoura não será achada nessa cidade de crescente violência.

Em Gênesis 4, a cidade espiritual dos homens assume a forma de uma cidade física. Mas, antes do fim do capítulo, também testemunhamos a fundação da cidade espiritual de Deus. A cidade de Deus, desde o princípio até o presente, não é uma cidade física, mas espiritual.

Lemos que Adão e Eva tiveram um filho chamado Sete e que "daí se começou a invocar o nome do Senhor" (Gn 4.26). Aí está — a cidade espiritual de Deus — uma cidade que invoca o nome de Deus em vez de deixá-lo de fora. Uma cidade edificada sobre a humildade, e não sobre o orgulho, a dependência em vez da independência. Aqueles que residem nessa cidade reconhecem que a segurança e a significância de que eles precisam podem vir somente de Deus.

A cidade de Babel

Alguns capítulos depois em Gênesis, lemos: "Partindo eles do Oriente, deram com uma planície na terra de Sinar; e habitaram ali. [...] Disseram: Vinde, edifiquemos para nós uma cidade e uma torre cujo topo chegue até aos céus e tornemos célebre o nosso nome, para que não sejamos espalhados por toda a terra" (Gn 11.2-4). Deus sempre intentara que toda a terra fosse habitada por pessoas que refletissem sua glória e o invocassem como Senhor. Mas essas pessoas não estavam se espalhando; elas estavam se fixando em Sinar, esperando encontrar alguma segurança em números e significância em seu projeto comum. Em vez de darem glória a Deus, elas queriam criar sua própria glória. Mas sua tentativa de criar um nome para si fracassou. Deus desceu e confundiu a linguagem dessas pessoas, de sorte que elas não mais puderam tramar contra ele. O nome daquela cidade se tornou Babel, que significa "confusão". Elas conseguiram, sim, criar um nome para si, mas não foi exatamente o que esperavam.

A cidade de Sodoma

Uma das famílias dispersas pela face da terra foi parar em Ur dos Caldeus, uma cidade na terra da Babilônia. (Babel tornou-se a capital da Babilônia.) E, como veremos no decorrer da história da cidade, Deus está constantemente chamando seu povo a sair da Babilônia e estabelecer seu lar na cidade de Deus. Esse foi o caso de Abraão. "Ora, disse o SENHOR a Abrão: Sai da tua terra, da tua parentela e da casa de teu pai e vai para a terra que te mostrarei" (Gn 12.1). O escritor de Hebreus nos diz:

> Pela fé, Abraão, quando chamado, obedeceu, a fim de ir para um lugar que devia receber por herança; e partiu sem saber aonde ia. Pela fé, peregrinou na terra da promessa como em terra alheia, habitando em tendas com Isaque e Jacó, herdeiros com ele da mesma promessa; porque aguardava a cidade que tem fundamentos, da qual Deus é o arquiteto e edificador. (Hb 11.8-10)

Abraão não estava interessado em construir uma cidade para proteger a si mesmo *de* Deus; ele estava à procura da cidade construída *por* Deus. Seu sobrinho Ló, contudo, via as coisas de outra forma. "Habitou Abrão na terra de Canaã; e Ló, nas cidades da campina e ia armando as suas tendas até Sodoma. Ora, os homens de Sodoma eram maus e grandes pecadores contra o Senhor" (Gn 13.12-13).

Chegou o dia em que Deus fartou-se da impiedade de Sodoma. Um grande clamor de todas as vítimas de Sodoma, os pobres e necessitados, suas vítimas da violência sexual e da injustiça, chegou até Deus (Ez 16.49). Dois anjos foram à cidade, e "os homens daquela cidade cercaram a casa, os homens de Sodoma, tanto os moços como os velhos, sim, todo o povo de todos os lados" (Gn 19.4). Então, exigiram que os visitantes angélicos saíssem da casa de Ló para que pudessem estuprá-los. "Ao amanhecer, apertaram os anjos com Ló, dizendo: Levanta-te, toma tua mulher e tuas duas filhas, que aqui se encontram, para que não pereças no castigo da cidade" (Gn 19.15). Porém, lemos que Ló se deteve. Ló estava muito apegado a Sodoma. Em outras palavras, ele era como nós. Uma parte dele odiava o mundo, mas a outra parte amava o mundo e não queria dar as costas a ele. Felizmente, para Ló, os anjos "pegaram-no [...] pela mão, a ele, a sua mulher e as duas filhas, sendo-lhe o Senhor misericordioso, e o tiraram, e o puseram fora da cidade" (Gn 19.16). Que imagem do que precisamos que Deus faça por nós! A menos que Deus, misericordiosamente, nos agarre pela mão, a nós e aqueles a quem amamos, e nos leve para fora, pereceremos com todos os demais habitantes da cidade dos homens.

A cidade de Jerusalém

Nos dias de Abraão, havia uma cidade chamada Salem, que significa *shalom* ou "paz". Um bom rei chamado Melquisedeque, que era também sacerdote de Javé, governava ali (Gn 14.18). Posteriormente, Salem foi tomada pelos jebuseus, que construíram um muro ao redor da cidade e a chamaram Jebus (1Cr 11.4). Quando o povo de Deus foi trazido para a terra da promessa, Deus lhe deu a posse de muitas cidades em Canaã, mas houve uma cidade que eles falharam em possuir — a cidade de Jebus. Quando Davi se tornou rei de Israel, precisava de uma capital localizada no centro das doze tribos, uma cidade que se tornasse uma fortaleza para resistir aos ataques. E Jebus era tal cidade.

Davi tomou a cidade de Jebus e a renomeou Jerusalém. Ela se tornou a cidade na qual o rei de Israel tinha seu palácio. Mais importante: tornou-se o monte santo onde o próprio Deus habitava em seu templo, no meio de seu povo. Jerusalém deveria ser uma cidade santa, a "cidade do Shalom". Deveria ser a cidade na qual o povo de Deus se deleitava na presença de Deus no meio deles, em vez de trancá-lo do lado de fora. Deveria ser uma cidade focada na glória do nome de Deus e na expansão de seu domínio. Era isso que Jerusalém deveria ser. Mas não foi isso que se tornou.

A história de Jerusalém parece confirmar nossas expectativas até aqui, com respeito à história bíblica da cidade. Ela teve seus dias de glória. Lemos em 1 Reis sobre a glória da cidade quando o próprio Deus desceu para residir no templo edificado por Salomão. Lemos sobre a rainha de Sabá vindo a Jerusalém para conferir, com seus próprios olhos, se era verdade tudo que ela ouvira sobre a cidade. Mas também lemos que Salomão trouxe esposas estrangeiras e, com elas, o culto a deuses estranhos para a cidade santa de Jerusalém. Salomão parece ter ingerido o elixir servido na cidade dos homens, ao continuar construindo cidades para suas carruagens e cavaleiros com o emprego de trabalho escravo. E chegou a dar o nome de falsos deuses a algumas das cidades por ele construídas (1Rs 9.17-18).

Nos séculos que se seguiram, Jerusalém tornou-se completamente manchada pela idolatria e por outros males, incluindo o sacrifício de crianças. O profeta Isaías lamentou o que Jerusalém se havia tornado em seus dias, escrevendo na abertura de seu livro:

> Como se fez prostituta
> a cidade fiel!
> Ela, que estava cheia de justiça!
> Nela, habitava a retidão,
> mas, agora, homicidas.
> A tua prata se tornou em escórias,
> o teu licor se misturou com água.
> Os teus príncipes são rebeldes
> e companheiros de ladrões;
> cada um deles ama o suborno
> e corre atrás de recompensas.
> Não defendem o direito do órfão,
> e não chega perante eles a causa das viúvas.
> (Is 1.21-23)

O profeta Ezequiel escreveu que Jerusalém se tornara ainda mais corrupta do que Sodoma (Ez 16.48). Deus havia destruído Sodoma quando o pecado de seu povo tornou-se intolerável aos seus olhos e, da mesma forma, Deus resolveu destruir Jerusalém quando seu pecado se tornou intolerável. Porém, em vez de usar fogo como sua ferramenta de juízo, como fizera com Sodoma, Deus resolveu usar uma cidade como seu instrumento para julgar Jerusalém.

A cidade da Babilônia

A cidade que Deus resolveu usar não era nada menos que a Babilônia. É claro que os babilônios e seu rei não sabiam que eram instrumentos na mão de um Deus soberano, sendo usados para purificar o povo de Deus. Quando os babilônios marcharam contra Jerusalém, estavam apenas fazendo o que é próprio aos que são da cidade dos homens — exercer poder e devorar tudo que encontra pelo caminho. Nabucodonosor arrastou para a Babilônia o rei de Jerusalém e toda a elite da cidade. Poucos anos depois, os exércitos babilônicos voltaram a Jerusalém pelos habitantes remanescentes. Jerusalém foi queimada, e o templo, destruído.

Você quase pode ouvir o rei da Babilônia batendo no peito quando Daniel, um daqueles levados de Jerusalém para a Babilônia, cita o rei ao dizer: "Não é esta a grande Babilônia que eu edifiquei para a casa real, com o meu grandioso poder e para glória da minha majestade?" (Dn 4.30). A Babilônia era e continua a ser, nas páginas da Escritura, aquela arrogante, persistente, aborrecedora de Deus, narcisista e autoconfiante cidade dos homens.

O profeta Jeremias escreveu aos exilados, bem no início do cativeiro babilônico, para corrigir os falsos profetas, os quais diziam que eles não passariam muito tempo ali. Jeremias disse aos exilados que eles passariam setenta anos ali e falou-lhes em nome de Deus, dizendo:

> Edificai casas e habitai nelas; plantai pomares e comei o seu fruto. Tomai esposas e gerai filhos e filhas, tomai esposas para vossos filhos e dai vossas filhas a maridos, para que tenham filhos e filhas; multiplicai-vos aí e não vos diminuais. Procurai a paz da cidade para onde vos desterrei e orai por ela ao SENHOR; porque na sua paz vós tereis paz. (Jr 29.5-7)

Eles passariam algum tempo ali, então, enquanto morassem na cidade dos homens, deveriam viver vidas comuns, plantar jardins, casar-se e ter filhos. E, acima de tudo, deveriam orar pela paz da cidade. Eles deveriam mergulhar na Palavra de Deus, e não na palavra dos falsos profetas que havia entre eles, tampouco na doutrinação da Babilônia. Dessa forma, eles estariam edificando a alternativa cidade espiritual de Deus no meio da cidade dos homens. Eles seriam, como Jesus disse séculos depois, sal e luz, uma cidade edificada sobre o monte (Mt 5.13-14). O povo de Deus em meio à cidade dos homens não é chamado para se isolar, mas para se distinguir dos demais habitantes.

Eles também deveriam viver na expectativa de serem libertos da Babilônia. Deus tinha para eles um futuro além do rio Quebar, além da vida na periferia de uma cidade pagã. E o Senhor lhes disse por meio de seu profeta Jeremias:

> Logo que se cumprirem para a Babilônia setenta anos, atentarei para vós outros e cumprirei para convosco a minha boa palavra, tornando a trazer-vos para este lugar. Eu é que sei que pensamentos tenho a vosso respeito, diz o SENHOR; pensamentos de paz e não de mal, para vos dar o fim que desejais. (Jr 29.10-11)

A promessa não era que eles receberiam tudo o que esperavam durante os setenta anos que morariam na Babilônia (assim como não nos foi prometido que podemos esperar receber tudo o que desejamos nos setenta e poucos anos de nossa vida). A promessa era que um futuro os aguardava na cidade de Deus. O próprio Deus os traria àquele lugar. A esperança e o futuro deles consistiam em ser libertos da Babilônia e replantados na cidade de Deus. Igualmente, o plano que Deus tem para nós, de paz, e não de mal, é nos dar um futuro e uma esperança nessa cidade.

Enfim, o povo de Deus retornou do exílio para reconstruir seu templo e a cidade de Jerusalém. Mas o templo e a cidade nunca mais foram tão gloriosos quanto outrora. Eles nunca viveram à altura das visões que os profetas tiveram para a cidade que Deus planejara para seu povo. Isaías escrevera sobre uma cidade que era vasta o suficiente para abarcar as nações, onde os habitantes viveriam em paz e justiça, sem opressão, medo ou pavor (Is 54.2-3, 11-14). Miqueias escreveu que, nos "últimos dias", os povos de todas as nações afluirão para Jerusalém, desejando aprender os caminhos de Deus, para poderem andar neles. A guerra desaparecerá e todos serão sustentados num lugar no qual não há temor (Mq 4.1-5). Zacarias escreveu sobre um dia vindouro no qual Sião será um lugar cheio de paz e segurança, a tal ponto que velhos e meninos poderão sentar-se ou brincar em suas ruas.[2] Ele escreveu que pessoas de muitas cidades farão daquela cidade sua morada, desfrutarão o favor de Deus e experimentarão

---

2. Quando Davi tomou a cidade de Jerusalém, ela passou a ser conhecida como a "cidade de Davi" ou "Sião". Davi trouxe a arca da aliança para a cidade fortificada de Sião, de modo que ali se tornou o centro do culto e da presença de Deus. Quando ouvimos Jerusalém ser chamada de "Sião" ao longo do Antigo Testamento, isso indica a cidade da presença de Deus, o centro das esperanças do povo de Deus, a fonte de socorro para o povo de Deus. Os profetas e os salmistas continuamente falam de Sião como o lugar de onde o Senhor um dia governará as nações como Rei, de modo que há uma direção futura para Sião tanto quanto uma direção passada. Porém, há também um aspecto presente de Sião. O escritor de Hebreus diz acerca daqueles que confiaram em Cristo: "Mas tendes chegado ao monte Sião e à cidade do Deus vivo, a Jerusalém celestial" (Hb 12.22). Estar em Cristo é ter uma cidadania permanente em Sião, a cidade de Deus.

sua presença (Zc 8.1-8, 20-23). Ezequiel escreveu: "O nome da cidade desde aquele dia será: O Senhor Está Ali" (Ez 48.35).

As promessas dos profetas e os cânticos dos salmistas sobre a cidade de Deus mantiveram o povo de Deus esperando e anelando pelo dia em que o Rei Divino viria até a cidade de Deus e a transformaria em tudo aquilo que ela estava destinada a ser.

Jerusalém destruída

Por fim, chegou o dia em que o Rei Divino, de fato, chegou à cidade de Deus. Os leitores do Evangelho de Lucas sentem o drama de sua chegada. Em Lucas 9.51, lemos que Jesus "manifestou, no semblante, a intrépida resolução de ir para Jerusalém". No capítulo 13, lemos: "Passava Jesus por cidades e aldeias, ensinando e caminhando para Jerusalém" (v. 22). Enquanto seguia seu caminho, alguns fariseus vieram dizer-lhe que ele não deveria ir a Jerusalém, pois Herodes queria matá-lo. Jesus respondeu ao aviso: "Importa, contudo, caminhar hoje, amanhã e depois, porque não se espera que um profeta morra fora de Jerusalém" (v. 33). Você percebe a ironia? Enquanto Jerusalém deveria ter sido uma cidade que continuamente amava e ouvia a palavra de Deus por meio dos profetas de Deus, sua triste história incluía a rejeição e até o assassinato de muitos dos profetas de Deus (ver 2Cr 24.20-22; Jr 26.20-23; 38.4-6).

O maior de todos os profetas, aquele que não apenas fala a palavra de Deus, mas que também *é* a Palavra de Deus encarnada, estava se preparando para entrar em Jerusalém. E, desde que Jesus manifestara no semblante "a intrépida resolução de ir para Jerusalém", ir para Jerusalém sempre significou ir para morrer lá. A segunda parte de sua resposta não era de todo irônica; era cheia de lamento sobre o que poderia ter sido diferente. O coração de Jesus estava partido por Jerusalém rejeitar a graça de Deus. "Jerusalém, Jerusalém, que matas os profetas e apedrejas os que te foram enviados!", lamentou. "Quantas vezes quis eu reunir teus filhos como a galinha ajunta os do seu próprio ninho debaixo das asas, e vós não o quisestes!" (v. 34).

Pouco tempo depois, enquanto Jesus cavalgava num jumentinho pelas cidades de Betfagé e Betânia, o povo estendia suas vestes e o bendizia como o Rei que vinha em nome do Senhor. Mas, quando ele se aproximou de Jerusalém e viu a cidade, Lucas escreve que ele chorou sobre ela (Lc 19.41). Na verdade, a palavra usada para "chorar" não significa o que costumamos pensar sobre choro — um discreto enxugar dos olhos enquanto as lágrimas descem pelo rosto. A palavra usada por Lucas está mais próxima do que descreveríamos como um pranto, como vemos na televisão em filmagens de funerais no Oriente

Médio. Jesus pranteou com grande tristeza pela iminente destruição daquela cidade tão central para a obra de Deus no mundo. Ele lamentou:

> Ah! Se conheceras por ti mesma, ainda hoje, o que é devido à paz! Mas isto está agora oculto aos teus olhos. Pois sobre ti virão dias em que os teus inimigos te cercarão de trincheiras e, por todos os lados, te apertarão o cerco; e te arrasarão e aos teus filhos dentro de ti; não deixarão em ti pedra sobre pedra, porque não reconheceste a oportunidade da tua visitação. (Lc 19.42-44)

Jesus foi claro nessas passagens sobre por que o julgamento era iminente — a rejeição da palavra de Deus e a rejeição do Filho de Deus. Quando os exércitos romanos de Tito chegaram, em 70 d.C., não era simplesmente o resultado dos caprichos imperialistas da potência mundial do momento. Os exércitos de Tito eram um instrumento usado por Deus para julgar sua cidade amada. A causa do juízo era a indisposição da cidade para ser reunida sob a segurança proporcionada por Deus; uma cegueira e uma rejeição à realidade da presença de Deus no meio dela durante "a oportunidade da [sua] visitação". A cidade terrena de Jerusalém foi rejeitada por Deus por causa de sua rejeição de Jesus.

Jesus se preparou para entrar em Jerusalém num jumento, o que significava que o Rei Divino estava finalmente chegando à cidade de Deus. Os portões deveriam estar escancarados para ele. Os sacerdotes deveriam ter-lhe aberto o caminho. Herodes deveria ter saído de seu palácio para se prostrar diante do Rei verdadeiro. Em vez disso, Jerusalém crucificou seu rei fora dos portões da cidade. Preocupada com a pureza ritual, mas não com a pureza genuína, Jerusalém não queria ter a presença de um cadáver dentro da "cidade santa". Obviamente, Jerusalém não era santa. Em seu abuso de poder, sua determinação de manter Deus do lado de fora, sua idolatria do templo e da lei e sua confusão, Jerusalém se tornara a Babilônia.[3] Foi fora da cidade que o puro Filho de Deus tomou sobre si a corrupção, a opressão, a auto-obsessão e a rejeição a Deus por parte da cidade dos homens. Jesus tomou sobre si o julgamento merecido por aqueles que passaram a amar a cidade dos homens, a fim de que, um dia, todos os que desejarem fugir daquela cidade para a pessoa de Cristo sejam convidados a estabelecer seu lar eterno na cidade de Deus.

Quarenta dias após Jesus ressuscitar dentre os mortos, o Jesus ressurreto ascendeu ao céu. Dez dias depois, a construção da cidade de Deus movia-se a todo vapor. O

---

3. Jacques Ellul, *The Meaning of the City* (Grand Rapids, MI: Eerdmans, 1970), 139-40.

Espírito Santo desceu e reverteu a maldição da antiga cidade de Babel. Pessoas "de todas as nações debaixo do céu" (At 2.5) estavam em Jerusalém reunidas para a festa de Pentecostes. Uma coisa, porém, as dividia: a linguagem. Mas, subitamente, o Espírito de Deus desceu e os apóstolos começaram a falar com línguas de fogo, de modo que todos ouviram o evangelho em sua própria língua. Da cidade de Jerusalém, o evangelho começou a se espalhar por toda a Judeia, Samaria e até os confins da terra. Quando lemos a história em Atos, vemos repetidamente a palavra de Deus se espalhar. E, aonde quer que ela chegasse, vivificava as pessoas; aonde quer que ela chegasse, as pessoas começavam a invocar o nome do Senhor.

E, do modo como Jesus dissera, logo veio o dia em que a cidade terrena de Jerusalém foi completamente destruída. Seu lugar especial nos propósitos de Deus chegou ao fim. A despeito do que muitas teologias cristãs modernas defendem acerca de um futuro lugar para a cidade terrena de Jerusalém na consumação da história humana,[4] uma vez que Jerusalém rejeitou a Cristo,

---

4. "O livro de Apocalipse claramente conserva a importância da cidade histórica de Jerusalém no entendimento escatológico da igreja primitiva. [...] O retrato de João acerca da revolta final contra "a cidade querida", após o reinado de mil anos, claramente põe a futura cidade de Jerusalém no centro do quadro escatológico. [...] Um futuro para Jerusalém, pois, se encaixa bem em um futuro reino milenar de Cristo no qual Israel, como uma nação, desempenha papel central." Robert L. Saucy, *The Case for Progressive Dispensationalism* (Grand Rapids, MI: Zondervan, 1993), 295-96.

vemos na Bíblia uma decisiva guinada da Jerusalém terrena para a Nova Jerusalém celestial.

"Na verdade, não temos aqui cidade permanente, mas buscamos a que há de vir", diz o escritor de Hebreus (Hb 13.14). "Mas tendes chegado ao monte Sião e à cidade do Deus vivo, a Jerusalém celestial" (Hb 12.22). "Mas a Jerusalém lá de cima é livre, a qual é nossa mãe", diz Paulo (Gl 4.26).

Oh, minha amiga, essa é a cidade na qual queremos morar, a cidade que há de vir! Essa é a cidade na qual queremos fincar nossas raízes. Queremos ancorar todas as nossas esperanças nessa cidade. Essa é a cidade — a única cidade — que durará para sempre.

Babilônia destruída

Nos capítulos finais da Bíblia, fica mais claro do que nunca que a Bíblia é a história de duas cidades. Nesses capítulos finais, testemunhamos a destruição final da Babilônia, a cidade dos homens, assim como a tão esperada entrada do povo de Deus na verdadeira e permanente cidade de Deus, a Nova Jerusalém.

Babilônia, a cidade dos homens, é acolhedora em suas idolatrias, atraente em sua beleza, inebriante em seus prazeres e pujante em seus projetos. Mas é também enganadora quanto ao seu destino. Seu destino é a destruição final. Cristo voltará e porá um fim à influência da Babilônia e à perseguição da Babilônia ao povo de Deus. Tudo de que a Babilônia se vangloria — sua beleza, suas riquezas, seu poder, sua qualidade de vida —, tudo desaparecerá para sempre, derretendo-se no fogo do juízo de Deus. Tudo o que a Babilônia promete a pessoas como eu e você — o conforto que o dinheiro possibilita, a relevância que o sucesso possibilita —, tudo será arrancado. Por causa desse juízo iminente, ouvimos Deus chamando seu povo:

> Retirai-vos dela, povo meu,
> para não serdes cúmplices em seus pecados
> e para não participardes dos seus flagelos [...]
> (Ap 18.4)

Não se iluda com a ideia de que essa passagem de Apocalipse se dirige a uma geração futura. Esse é o chamado de Deus a você e a mim, agora mesmo, hoje. Por enquanto, vivemos na Babilônia, a cidade dos homens, mas precisamos viver aqui com nossas malas arrumadas e nosso coração pronto para sair dela e viver para sempre na cidade de Deus, quando ouvirmos nosso verdadeiro Rei nos chamar. Somos chamadas a viver na tensão de estar no mundo, sem ser do mundo. Você sente essa tensão?

Como estrangeiras e exiladas, "[aspiramos] a uma pátria superior, isto é, celestial. Por isso, Deus não se envergonha [de nós], de ser chamado o [nosso] Deus, porquanto [nos] preparou uma cidade" (Hb 11.14-16). A história da cidade que se desenrola de Gênesis a Apocalipse nos convida a colocar nosso coração na cidade de Deus, a fincar nela nossas raízes, a investir nela nossa vida e a encontrar nela nosso lar, na Nova Jerusalém, que permanecerá para sempre.

A Nova Jerusalém

Um anjo deu ao apóstolo João uma prévia dessa cidade. Ele viu "a cidade santa, a nova Jerusalém, que descia do céu, da parte de Deus" (Ap 21.2). Nós não retornaremos ao jardim. Em vez disso, estamos rumando para uma cidade-jardim. Deus se apropriou "justamente daquilo que fora criado com o propósito de exclui-lo" — a cidade — e a está transformando num lar para seu povo, um lar ainda melhor que o Éden.[5] Em vez de gananciosos por mais, como foram Adão e Eva, todos os que viverem nessa cidade estarão plenamente satisfeitos. Em vez de termermos a presença de Deus como Caim temeu, teremos prazer nela. Em vez de conspirarem para afrontar e desobedecer,

---

5. G. K. Beale, repetidamente, descreve o novo céu e a nova terra como uma "cidade-jardim sob a forma de um templo", em *The Temple and the Church's Mission: A Biblical Theology of the Dwelling Place of God* (Downers Grove, IL: InterVarsity Press, 2004).

como fizeram os habitantes de Babel, os habitantes da Nova Jerusalém conspirarão sobre como glorificar a Deus e gozá-lo para sempre.

Essa cidade não será o resultado de esforço humano; será a cidade na qual Abraão pôs seu coração, a cidade com fundamentos cujo arquiteto e edificador é Deus. Seus muros e fundações terão os nomes das doze tribos e dos doze apóstolos. Em outras palavras, essa cidade será edificada sobre as promessas do evangelho feitas aos patriarcas e sobre o evangelho proclamado pelos apóstolos (Gl 3.8).

Virá o dia em que moraremos na melhor cidade para se viver. Na verdade, essa cidade abarcará o mundo inteiro (Ap 21.12). A *tohu wabohu* estará gloriosa e completamente preenchida com vida radiante e rico relacionamento. Ela ultrapassará toda e qualquer cidade atualmente encontrada em qualquer lista das melhores cidades para se viver. Será a cidade mais limpa na qual alguém jamais morou. Coisa contaminada jamais entrará nela (Ap 21.27). Nela, servirão a melhor comida e o melhor vinho que alguém já provou, "um banquete de carnes suculentas e vinhos envelhecidos" (Is 25.6, NAA). Em vez de festas que duram dias, a celebração nunca terá fim (Hb 12.22). Ela não terá apenas um passado reluzente, mas brilhará com a glória de Deus pela eternidade futura (Ef 2.7). Ela não apenas será sem nevascas, sem poluição e sem caos; ela será sem lágrimas, sem morte, sem noite (Ap 21.4; 22.5). Suas ruas não serão apenas limpas; elas serão de ouro (Ap 21.21). Nessa cidade eterna, desfrutaremos uma aparentemente infindável riqueza de coisas para fazer e infindáveis revelações das belezas e perfeições de Deus.

Essa será a cidade sobre a qual os salmistas cantaram. Com efeito, veja o que o Salmo 87 tem a dizer sobre quem habitará essa cidade. É, de fato, muito surpreendente:

> Fundada por ele sobre os montes santos,
> o Senhor ama as portas de Sião
> mais do que as habitações todas de Jacó.
> Gloriosas coisas se têm dito de ti,
> ó cidade de Deus!
> Dentre os que me conhecem, farei menção de
> Raabe e da Babilônia;
> eis aí Filístia e Tiro com Etiópia; lá, nasceram.
> E com respeito a Sião se dirá:
> Este e aquele nasceram nela;
> e o próprio Altíssimo a estabelecerá.
> O Senhor, ao registrar os povos, dirá:
> Este nasceu lá. (vv. 1-6)

O salmista está cantando que a cidade de Deus será habitada por pessoas fisicamente nascidas na cidade dos homens, mas que renasceram espiritualmente na cidade de Deus. Pessoas de Raabe, que é uma referência ao Egito e significa "arrogante" em hebraico, adentrarão a cidade de Deus em humildade. Pessoas da Babilônia, a cidade da confusão, terão clareza sobre quem Jesus é. Pessoas da belicosa Filístia desfrutarão a paz com Deus. Pessoas da cobiçosa cidade de Tiro encontrarão sua satisfação em Deus. Pessoas da remota e espiritualmente ignorante nação da Etiópia ouvirão as boas-novas e correrão em direção a essa cidade, para nela estabelecerem seu lar. Dir-se-á de todos cujos nomes foram registrados pelo próprio Deus antes da fundação do mundo: "Este nasceu aqui".[6]

Aproxima-se o dia em que todos os que se apegaram a Cristo entrarão pelos portais feitos de pérola. Não importará se você nasceu na Cidade do Kansas, Toronto, Jacarta, Hong Kong, Moscou, Nairóbi, Bogotá ou Sidney. Você terá chegado de seu exílio na Babilônia para estabelecer sua morada na Nova Jerusalém. Aqueles que estiverem esperando no portão procurarão seu nome no Livro da Vida do Cordeiro. E, ao encontrarem seu nome no livro, apontarão para você e dirão: "Esta nasceu aqui". Então, olharão em seus olhos e dirão com um sentimento

---

6. Pergunto-me se Jesus estava pensando no Salmo 87 quando disse a Nicodemos, um orgulhoso cidadão da Jerusalém terrena: "Em verdade, em verdade, te digo que, se alguém não nascer de novo, não pode ver o reino de Deus" (Jo 3.3).

comum de alívio e alegria: "Bem-vinda ao lar". Isso não a faz querer cantar?

> Ó filhos de Sião,
> Honrai o Rei dos Reis.
> Louvor em alta voz cantai,
> Louvor em alta voz cantai.
> Em breve ao Céu ireis,
> Em breve ao Céu ireis.
> Sião é a nossa
> Santa e Gloriosa Cidade;
> Também perene morada
> Dos salvos em Cristo Jesus.
>
> Erguei-vos, ó cristãos,
> Marchando sem cessar,
> Até herdardes lá no além,
> Até herdades lá no além,
> Sião, o eterno lar,
> Sião, o eterno lar.
> Sião é a nossa
> Santa e Gloriosa Cidade;
> Também perene morada
> Dos salvos em Cristo Jesus.[7]

---

7. Isaac Watts, *"Marchando para Sião"*, Hinário Adventista nº 550.

Conclusão

Você e eu fomos criadas para desfrutar um ambiente, um senso de propósito e uma satisfação, uma intimidade com Deus e uns com os outros ainda melhor do que Adão e Eva desfrutaram no Éden. O Éden tinha as sementes da nova criação, mas todas aquelas sementes irromperão em gloriosas flores no novo céu e na nova terra. Quando entrarmos no novo Éden, nosso descanso sabático, o templo final, a Nova Jerusalém, começaremos a experimentar tudo o que Deus planejou para seu povo desde o princípio.

Enquanto Adão e Eva ficaram descontentes com a provisão de Deus no Éden, que era um jardim no meio de um imenso deserto, aqueles que habitarem a nova criação estarão perfeitamente contentes com a vasta provisão de Deus numa cidade-jardim que se estenderá por cada recanto da terra. Isso significa que você e eu podemos estar genuinamente contentes, cada vez mais contentes, ainda que não completamente contentes agora.

Enquanto a árvore da vida no meio do Éden apresentava a Adão e Eva a promessa de uma qualidade de vida superior se eles fossem obedientes, a árvore da vida na nova criação proporcionará inesgotável e abundante vida e cura para todos os que puseram sua fé na obediência de Cristo. Isso significa que a história de nossa vida não precisa envolver uma constante luta pela vida boa, tal como a definimos, mas pode ser uma vida de confiança no fato de que Deus nos proverá uma vida melhor do que boa, do jeito dele e no tempo dele.

Enquanto Adão e Eva foram criados à imagem e semelhança de Deus, todos os que habitarem o novo céu e a nova terra terão sido recriados em verdadeira justiça, santidade e conhecimento, sem a menor possibilidade de tal imagem ser novamente manchada. Isso significa que a história de quem somos e de quem nos tornaremos não está, em última instância, sendo escrita por nós. Não precisamos buscar um senso de identidade em nossa aparência ou em nossas realizações. Em vez disso, nossa identidade está plenamente alicerçada em Cristo e está segura em sua pessoa e em sua obra.

Enquanto Adão e Eva estavam nus e não se envergonhavam, todos os que estão unidos a Cristo serão vestidos de sua justiça real e jamais estarão sujeitos à vergonha outra vez. Eles serão sobrevestidos de imortalidade, de modo que nunca mais estarão sujeitos à morte. Isso significa que nossa história não é sobre termos uma boa aparência. Por sabermos que estamos sendo vestidas na justiça de Cristo e que despertaremos da morte com as vestes da imortalidade, não precisamos ficar obcecadas com nosso atual guarda-roupas ou com as marcas da idade. Não precisamos viver sob o peso da vergonha nem com medo da morte. Podemos confiar que ele está nos vestindo em santidade, beleza e glória.

Enquanto Adão falhou e culpou sua noiva, nosso Noivo, Jesus, não falhará em guiar sua noiva, a igreja, até uma nova cidade-jardim na qual ele apreciará sua noiva para sempre. Isso significa que, embora possamos desfrutar o amor de um noivo humano nesta vida, ou desejar tê-lo, não esperamos que homem algum nos ame do modo mais profundo como precisamos ser amadas. O amor de qualquer homem será uma sombra pálida do que é ser amada plena e eternamente por Cristo.

Porque Adão e Eva falharam na obra que receberam para executar no Éden, eles falharam em alcançar o descanso do sétimo dia que estava diante deles. Mas, porque Cristo completou a obra que o primeiro Adão falhou em realizar, todos os que estão unidos a ele pela fé entrarão no descanso eterno com Deus. Isso significa que nossa história não precisa ser a de uma vida esbaforida, semana após semana, sempre tentando estar à frente do jogo. O mundo, nossa família, nossa vida não vão desmoronar se tirarmos algum tempo para descansar e focar na obra que Cristo realizou, bem como no que está por vir. Ao organizarmos nossa vida em torno da lembrança desse descanso prometido por vir, descobrimos que, de fato, podemos descansar aqui e agora.

Enquanto o primeiro Adão permitiu o mal, na forma de uma serpente invadir e arruinar o Éden, Jesus, o último Adão, esmagou a cabeça da antiga serpente e, um dia, a destruirá para sempre, de modo que nenhum mal entrará na nova criação. Isso significa que a história de nossa vida não será sem lutas. O inimigo está contra nós, buscando destruir-nos. Mas, por estarmos unidas a Cristo, sabemos que o inimigo pode ganhar algumas batalhas em nossa vida, mas não pode vencer a guerra contra nossa alma.

Enquanto Adão e Eva foram obrigados a se exilar do santuário do Éden, onde haviam experimentado a presença de Deus, todos os que estão sendo purificados serão recebidos na santidade do novo templo que cobrirá toda a terra, onde habitarão para sempre na presença de Deus. Isso significa que não nos cabe nos tornarmos puras o suficiente para viver na presença dele. Ele está operando, purificando-nos e renovando-nos a fim de satisfazer o desejo de seu coração, que é habitar com seu povo — inclusive você e eu — para sempre.

Enquanto Adão e Eva moraram num jardim que foi invadido pela cidade dos homens, todos os que nasceram de novo pelo Espírito morarão para sempre na segurança e na tranquilidade da cidade de Deus, a Nova Jerusalém. Isso significa que, embora estejamos vivendo na cidade dos homens, a qual nos conta suas mentiras e tenta nos apanhar em suas seduções, ela não nos define e não pode nos reivindicar como suas. Vivemos aqui como estrangeiras e peregrinas. Nossas raízes, nossa cidadania e nossas esperanças estão ancoradas no solo da cidade de Deus.

Essa história da Bíblia, minhas amigas, é a história que tem o poder de mudar tudo na sua vida agora e na eternidade futura. Que você se ache nessa história e no seu "felizes para sempre"! Que você estabeleça seu lar em Cristo, agora mesmo, e que ele um dia a receba em seu lar eterno, o qual será ainda melhor que o Éden!

Guia de Estudos

A seguir, são sugeridas algumas perguntas para grupos de estudo. Elas não foram pensadas para necessariamente levar a uma resposta "certa", mas para instigar uma reflexão mais profunda sobre o assunto de cada capítulo; encorajar a troca de experiências em situações de grupo; e ajudar a extrair conclusões tanto teológicas como práticas.

Capítulo 1: A história do *Deserto*

1. Muitas de nós temos um sentimento de vazio ou descontentamento num ou noutro período. Você já viu isso acontecer em sua vida? Como?

2. Como a serpente lança sementes de descontentamento em Eva? Como Eva começa a enxergar um vazio em sua vida?

3. Talvez você jamais tenha considerado que havia um deserto fora do jardim do Éden, o qual precisava ser subjugado, ou que a tarefa de Adão e Eva, e a de sua descendência, era estender os limites do jardim até que toda a terra estivesse ordenada e cheia de portadores da imagem divina dando glória a Deus. Isso faz sentido para você? Por quê? Ou por que não? Ao considerar essa questão à luz dos propósitos de Deus revelados ao longo de toda a Bíblia, você pode consultar Gênesis 12.3; Salmos 8; Isaías 45.18; Atos 1.8; e Apocalipse 5.9-10.

4. Deuteronômio 8.3 diz que Deus deixou seu povo ter fome para lhe dar a entender que não só de pão viverá o homem, mas de toda palavra que procede da boca do Senhor. O que significa viver por toda palavra que procede da boca do Senhor em nossos dias? E como nosso descontentamento pode nos orientar a viver dessa forma?

5. De que maneira(s) Jesus entrou no deserto — a *tohu wabohu* — deste mundo? Que diferença isso faz?

6. O que Paulo nos ensina sobre como podemos estar contentes vivendo no deserto deste mundo, onde os espinhos da maldição trazem dor? (Veja 2Co 12.1-10)

7. De que maneira o jardim do novo céu e da nova terra será ainda melhor que o jardim que Adão e Eva desfrutaram no Éden?

8. Como essa história do contentamento e do descontentamento no deserto tem o poder de transformar nossa própria falta de contentamento no deserto deste mundo?

Capítulo 2: A história da *Árvore*

1. Como você definiria "a vida boa"? Como você acha que a maioria das pessoas em nosso mundo atual a definiria? Como elas tentam alcançar essa vida boa para si mesmas?

2. Não nos é dito se Adão e Eva comeram da árvore da vida antes de comerem da árvore do conhecimento do bem e do mal e de serem banidos do Éden. O que pode sugerir que eles não comeram, a partir do que você vê em Gênesis 3.22 e Apocalipse 2.7?

3. Como você explicaria o propósito de Deus para a árvore do conhecimento do bem e do mal no Éden? Para qual propósito a serpente buscou usar a árvore?

4. O que Adão deveria ter feito na árvore do conhecimento do bem e do mal?

5. Como a resposta do segundo Adão à tentação relativa à árvore contrasta fortemente com a do primeiro Adão? Que diferença isso faz para nós hoje? Leiam juntas Romanos 5.12-21, a fim de enriquecer a discussão.

6. De que maneira a árvore da vida no jardim do novo céu e da nova terra é ainda melhor que a árvore que havia no jardim do Éden? (Veja Ap 22.1-5)

7. O que a história da árvore de Gênesis a Apocalipse revela sobre o que significa viver a vida boa e como alcançá-la?

8. Como essa história da árvore nos oferece direção em nossa procura pela vida boa?

Capítulo 3: A história da *Imagem de Deus*

1. Quais são os elementos que comumente usamos para nos apresentar a outrem, on-line ou pessoalmente? O que isso revela sobre onde encontramos nossa identidade?

2. Apresente três ou quatro palavras-chave que captem a essência do que significa o homem ser feito (e, portanto, renovado) à imagem de Deus. (Veja Gn 1.26; Sl 8.5-6; Ef 4.24; e Cl 3.10)

3. Em Êxodo 19.4-6 e 20.1-21, Deus ofereceu ao seu primogênito, a nação de Israel, uma fundação para seu senso de identidade. O que deveria moldar seu senso de identidade e que diferença isso deveria ter feito no modo como eles viveram na terra que Deus estava lhes dando?

4. Tendemos a pensar em ídolos como coisas más. Mas, muitas vezes, ídolos são coisas boas que se tornaram coisas principais. Um ídolo é qualquer coisa, à parte de Cristo, acerca da qual dizemos com nossas atitudes e ações: "Eu preciso disso para ser feliz". A maioria de nós não tem interesse algum em se prostrar diante de um bezerro de ouro; mas quais são alguns ídolos que nós adoramos ao, tolamente, extrairmos deles nossa identidade?

5. No mundo atual, as pessoas têm muitas ideias sobre quem Jesus é e por que ele veio. Como essa história da imagem de Deus nos dá clareza sobre a identidade dele e o propósito de sua vinda?

6. De que maneira considerar a transfiguração e a ressurreição de Jesus impacta nosso modo de pensar sobre o que significa ser como Jesus?

7. De que maneira a imagem de Deus que portaremos na nova criação será ainda melhor do que foi para Adão e Eva no Éden?

8. Como essa história da imagem de Deus sendo manchada e, em seguida, restaurada tem o poder de mudar nosso senso de identidade e destino?

Capítulo 4: A história das *Vestes*

1. Nos Salmos 8.5 e 104.1-2, lemos sobre como Deus é coroado, vestido e coberto. Uma vez que Adão e Eva foram criados à imagem de Deus, o que essas passagens sugerem sobre como eles teriam sido coroados, vestidos e cobertos, muito embora estivessem fisicamente nus?

2. Considere a importância das vestes dos representantes reais e dos sacerdotes ao longo da Bíblia: José, em Gênesis 37.3, 23 e 41.39-43; os sacerdotes, em Êxodo 28; Davi, em 1 Samuel 18.3-4; Daniel, em Daniel 5.29; e o filho pródigo, em Lucas 15.21-22. Como esse contexto de toda a Bíblia nos ajuda a entender o que Moisés pretendia que seus leitores entendessem ao escrever que Adão e Eva estavam nus e não se envergonhavam?

3. Podemos pensar que um indivíduo está ou vestido ou despido da glória de Deus, mas a Bíblia parece apresentar níveis de glória. Como isso fica evidente em 2 Coríntios 3.7-18? Como isso pode ajudar-nos a entender o que Deus pretendia para Adão e Eva no jardim? (Ver também 1Co 15.40-49; 2Co 5.1-5)

4. Considerando que Deus vestiu os sacerdotes do Antigo Testamento em "vestes sagradas [...] para *glória* e *ornamento*" (Êx 28.2), bem como o fato de que ele pretende que todos os crentes sejam vestidos dessa forma, como isso deveria moldar nossa perspectiva sobre a nudez em público e a pornografia?

5. A perspectiva bíblica da beleza é muito diferente da perspectiva do mundo (veja Cl 3.12-14; 1Pe 3.4). O que você pensa ser necessário para que sua perspectiva da beleza seja mais moldada pela Bíblia do que pelo mundo?

6. Paulo escreve, em 1 Coríntios 15.52-53 e 2 Coríntios 5.1-5, sobre os crentes sendo vestidos de imortalidade na ressurreição, quando Cristo voltar. Como isso nos ajuda a entender a nudez de Adão e Eva no jardim e o que teria ocorrido se eles houvessem obedecido no tocante à árvore?

7. De que maneira as vestes que teremos quando Cristo voltar e nos levar ao novo céu e à nova terra serão melhores que as vestes que Adão e Eva tinham no Éden, tanto antes como depois da Queda?

8. De que maneiras essa história das vestes tem o poder de mudar nosso pensamento sobre como nos vestimos e o que nos torna belas? Como tem o poder de nos ajudar a lidar com a vergonha?

Capítulo 5: A história do *Noivo*

1. Em Gênesis 2.24, como Moisés, o autor de Gênesis, aplica o casamento de Adão e Eva ao casamento em seus dias? Quais implicações dessa passagem Jesus ensinou em Mateus 19.3-8? Quais implicações Paulo ensinou em 1 Coríntios 6.15-17?

2. De que forma o relacionamento de Adão e Eva foi impactado pelo pecado e pela maldição, segundo Gênesis 3.6-21?

3. Em que lugar das Escrituras você encontraria apoio para a seguinte afirmação: "A história da Bíblia é a história de Deus escolhendo, congregando e adornando uma noiva para seu Filho"? (Pense em todas as partes, tanto do Antigo como do Novo Testamento, a fim de encontrar base bíblica geral ou específica.)

4. João Batista descreveu Jesus como o Noivo e o próprio Jesus se retratou como Noivo nas parábolas. Como os israelitas de sua época deveriam ter entendido isso? O que isso significaria para eles se houvessem entendido e abraçado essa realidade?

5. Ao enxergarmos a história da mulher no poço pelas lentes das imagens bíblicas do noivo, como isso nos ajuda a compreender tanto a natureza da noiva de Cristo como a natureza de Jesus como noivo? (Veja Jo 4)

6. Quais são as implicações da afirmação de Paulo em Efésios 5.31-32? Como essa passagem nos ajuda a entender Gênesis 2 e Apocalipse 21?

7. De que forma o casamento que desfrutaremos no novo céu e na nova terra será ainda melhor do que o casamento de Adão e Eva no Éden?

8. De que forma essa história do noivo tem o poder de mudar suas expectativas no que diz respeito ao casamento humano, assim como seu anelo pelo casamento eterno?

Capítulo 6: A história do Sabbath

1. Qual tem sido seu entendimento do sábado cristão ou do Dia do Senhor? Você o tem enxergado como um presente ou como um fardo? Você diria que é mais inclinada ao legalismo ou à negligência?

2. Gênesis 2 não diz explicitamente que Adão e Eva deveriam descansar de seu trabalho todo sétimo dia. Mas como o padrão em Gênesis 1 e 2, em que Adão e Eva imitariam Deus em seu trabalho de trazer ordem à criação, nos conduz a essa conclusão?

3. Como você explicaria o propósito do mandamento de Deus a Israel para que não apenas suas semanas, mas também seus anos, o uso da terra e o pagamento de dívidas fossem moldados pelo sábado?

4. Assim como muitos outros mandamentos de Deus dados para o bem de seu povo, o sábado também se tornou distorcido e penoso com o passar do tempo. De que forma o sábado foi ignorado no Antigo Testamento e separado da verdadeira piedade na época da vinda de Jesus?

5. A partir dos Evangelhos, qual é sua percepção sobre a mensagem de Jesus quanto ao sábado? (Veja Mt 12.1-14; Mc 2.23-28)

6. Não há mandamento no Novo Testamento para se guardar o sábado. Contudo, alguns fortes argumentos bíblicos sugerem que Deus ainda tenciona que seu povo receba o presente de um sábado semanal para alimentar seu anelo por descansar com ele. Nenhum dos outros Dez Mandamentos, que foram escritos em pedra, foi revogado. Hebreus 4.9 diz que "resta um repouso sabático para o povo de Deus", no qual ainda não entramos e em cuja direção ainda precisamos ser regularmente reorientados. De que maneira considerar o sábado à luz de sua abrangente história bíblica molda seu entendimento do que Deus pretende para os crentes nesta era?

7. De que maneira o descanso sabático que teremos no novo céu e na nova terra será ainda melhor do que o que Adão e Eva teriam desfrutado no Éden?

8. Como essa história do sábado pode mudar a maneira como você lida com o Dia do Senhor?

Capítulo 7: A história da *Descendência*

1. No cerne da história da descendência da mulher e da descendência da serpente, há inimizade ou conflito. De que modo essa inimizade é tanto um julgamento divino como uma graça divina?

2. De que forma entender a história da descendência nos ajuda a compreender:
   - As numerosas genealogias no Antigo e no Novo Testamentos;
   - A predominância da batalha entre Israel e seus inimigos nas narrativas do Antigo Testamento;
   - Os salmos imprecatórios, como, por exemplo, os Salmos 69 e 109;
   - A proeminência da atividade demoníaca nos Evangelhos;
   - A importância de Jesus ter nascido de uma mulher;
   - A necessidade da armadura espiritual para entrar na batalha espiritual.

3. Como essa história da descendência aumenta seu entendimento do que ocorreu na crucificação de Jesus?

4. Como essa história aumenta seu entendimento do que significa ter paz com Deus?

5. Como essa história molda seu entendimento do que significa ser protegido por Deus e de como você deve orar pedindo a proteção divina?

6. O que essa história da descendência revela sobre como o novo céu e a nova terra serão ainda melhores que o Éden?

7. Como essa história da descendência a ajuda a compreender algumas das lutas que você enfrentou em sua vida? Como ela oferece esperança e confiança quanto ao seu futuro?

Capítulo 8: A história de uma *Habitação*

1. Em Gênesis 1 e 2, lemos sobre a criação de um lar que Deus pudesse partilhar com a humanidade feita à sua imagem. Como entender a intenção divina de habitar com um povo santo numa terra santa nos ajuda a compreender o restante da história bíblica?

2. Muitos capítulos de Êxodo são dedicados ao projeto e à construção do tabernáculo; e muitos capítulos em 1 Reis e 1 Crônicas são dedicados ao projeto e à construção do templo. Muitos salmos falam da casa ou do lugar da habitação de Deus. E os Livros Proféticos têm muito a dizer sobre a profanação do templo, a destruição do templo e a reconstrução do templo. Por que você acha que o Antigo Testamento dá tanta atenção a essa tenda e a essa edificação?

3. Embora Deus tenha descido para habitar entre seu povo no Lugar Santíssimo do tabernáculo e, depois, do templo, ainda havia um problema. Qual era? E como, posteriormente, esse problema foi resolvido?

4. Como você descreveria o relacionamento de Jesus com o templo em Jerusalém, tal como registrado ao longo dos Evangelhos?

5. Qual é seu entendimento do lugar da habitação de Deus nesta era entre a ascensão e o retorno de Cristo?

6. Você acha que um anseio por sermos aliviadas da vida neste mundo doente pelo pecado é o mesmo que ter um anelo por estarmos em casa com Deus? Por quê? Ou por que não? Que tipo de coisa nos impede de desejar estar em casa com Deus?

7. De que forma nosso lar eterno com Deus será ainda melhor que o Éden?

8. Como essa história da intenção de Deus de habitar com seu povo tem o poder de mudar a forma como você vive sua vida como um templo ambulante e falante do Espírito Santo?

Capítulo 9: A história da *Cidade*

1. Quais são algumas das semelhanças entre as cidades de Enoque, Sodoma, Babel e Babilônia?

2. O que as cidades de Sodoma e Nínive tinham em comum e o que era diferente entre elas? (Veja Gn. 10.10-12; 13.12-13, 19; Jn 3.1-10)

3. Jerusalém foi a cidade na qual o próprio Deus estabeleceu seu lar, no templo. Foi a cidade em que o rei de Deus reinou. Essa cidade tinha muito potencial. Mas o que aconteceu à cidade de Jerusalém? Por quê?

4. O que as histórias de Ló em Sodoma e do exílio do povo de Deus na Babilônia revelam sobre a tensão de estar no mundo sem ser do mundo?

5. Se a ordem ao povo de Deus em Apocalipse é para "retirar-se" da Babilônia, a fim de não haver cumplicidade em seus pecados, como isso deve ocorrer?

6. De que maneiras nós, ao mesmo tempo, nos consolamos e nos entristecemos diante do retrato bíblico do destino da Babilônia?

7. Como a vida na Nova Jerusalém será ainda melhor que a vida no Éden?

8. Como essa história da cidade muda nossa vida atual na cidade dos homens? Como nossa maneira de viver e agir nessa cidade, como cidadãos do céu, contrasta com a daqueles que são cidadãos da cidade dos homens?

Bibliografia

Alexander, T. Desmond. *From Eden to the New Jerusalem: An Introduction to Biblical Theology*. Grand Rapids, MI: Kregel Academic & Professional, 2009.

Ash, Christopher. *Married for God: Making Your Marriage the Best It Can Be*. Wheaton, IL: Crossway, 2016.

Batzig, Nick. "A Biblical Theology of Clothing". The Christward Collective (blog), 3 mar. 2015. Acesso em 7 nov. 2016. Disponível em http://info.alliancenet.org/christward/a-biblical-theology-of-clothing.

———. "Jesus, the True and Greater Gardener". The Christward Collective (blog), 25 set. 2014. Acesso em 7 nov. 2016. Disponível em: http://info.alliancenet.org/christward/jesus-the-true-and-greater-gardener.

———. "The Sin-Bearing, Curse-Removing Second Adam". The Christward Collective (blog), 5 ago. 2014. Acesso em 7 nov. 2016. Disponível em: http://www.christwardcollective.com/christward/the-sin-bearing–curseremoving-second-adam-part -1.

———. "A Tale of Two Trees". The Christward Collective (blog), 13 mai. 2014. Acesso em 29 mar. 2017. Disponível em: http://www.christwardcollective.com/christward/a-tale-of-two-trees.

Beale, G. K. *Teologia bíblica do Novo Testamento: a continuidade teológica do Antigo Testamento no Novo*. São Paulo: Vida Nova, 2018.

———. *Revelation: A Shorter Commentary*. Grand Rapids, MI: Eerdmans, 2015.

Beale, G. K. e Mitchell Kim. *God Dwells among Us: Expanding Eden to the Ends of the Earth*. Nottingham, UK: Inter-Varsity Press, 2015.

Begg, Alistair. "Holy Day or Holiday". Sermão, Parkside Church, Chagrin Falls, OH, 3 out. 1993. Acesso em 8 abr. 2017. Disponível em: https://www.truthforlife.org/resources/sermon/holy-day-or-holiday-pt1/.

Begg, Alistair e Sinclair B. Ferguson. *Name Above All Names*. Wheaton, IL: Crossway, 2013.

Bird, Chad. "The Missing Verse in the Creation Account". Chad Bird (blog), 28 ago. 2015. Acesso em: 21 maio 2017. Disponível em: http://www.chadbird.com/blog/2015/08/28/the-missing-verse-in-the-creation-account.

Bucey, Camden. "Eschatology and the Image of the Last Adam". Leitura, 2016 Reformed Forum Theology Conference, Hope Orthodox Presbyterian Church, Grayslake, IL, 26 out. 2016. Acesso em 18 maio 2017. Disponível em: http://reformedforum.org/category/series/events/2016-theology-conference/.

Clowney, Edmund P. *The Unfolding Mystery: Discovering Christ in the Old Testament: with Study and Application Questions*. Phillipsburg, NJ: P&R, 2013.

Clowney, Edmund Prosper e Rebecca Clowney Jones. *How Jesus Transforms the Ten Commandments*. Phillipsburg, NJ: P&R, 2007.

Duncan, Ligon. "An Ancient Christmas: The Coming of Jesus in the Old Testament (The Seed)". Sermão, First Presbyterian Church, Jackson, MS, 2 dez. 2012. Acesso em 19 jun. 2017. Disponível em: http://www.fpcjackson.org/resource-library/sermons/the-seed-of-the-woman.

———. "Covenant of Works". Lecture, Reformed Theological Seminary, Jackson, MS, 4 out. 2013. Acesso em: 11 maio 2017. Disponível em: http://ligonduncan.com/covenant-of-works-creation-1199/.

Ellul, Jacques e Dennis Pardee. *The Meaning of the City*. Eugene, OR: Wipf & Stock, 2011.

Fesko, J. V. *Last Things First: Unlocking Genesis 1–3 with the Christ of Eschatology*. Fearn, Ross-shire, UK: Mentor, 2007.

Gaffin, Richard. "A Sabbath Rest Still Awaits the People of God". In *Pressing toward the Mark*. Editado por Charles G. Dennison e Richard C. Gamble. Philadelphia, PA: Committee for the Historian of the Orthodox Presbyterian Church, 1986.

Hoekema, Anthony A. *A Bíblia e o futuro,* 3ª ed. (São Paulo: Cultura Cristã, 2013).

———. *Criados à imagem de Deus,* 3ª ed. (São Paulo: Cultura Cristã, 2018).

Horton, Michael, *Covenant and Eschatology: The Divine Drama*. Louisville, KY: Westminster John Knox, 2002.

———. *O Deus da promessa: Introdução à teologia da aliança*. (São Paulo: Cultura Cristã, 2010).

Horton, Michael, Justin Holcomb, Kim Riddlebarger e Rod Rosenbladt. "The Search for a New Adam". White Horse Inn (podcast), 4 jun. 2017. Disponível em: https://www.whitehorseinn.org/show/the-search-for-a-new-adam-1/

Jackman, David. "How to Live in Babylon". Sermão, St. Helen's Bishopsgate, London, 8 maio 2016. Acesso em: 15 jul. 2017. Disponível em: http://www.st-helens.org.uk/resources/media-library/src/talk/ 54862/title/how-to-live-in-babylon.

Keller, Tim. "Satanic Exposition". Sermão, Redeemer Presbyterian Church, New York, 1 fev. 2009. Acesso em 11 jul. 2017. Disponível em: https://www.truthforlife.org/resources/sermon/satanic-exposition.

———. "Tale of Two Cities". Sermão, Basics Conference 2015, Parkside Church, Chagrin Falls, OH, 13 maio 2015. Acesso em 17 maio 2015. Disponível em: http://www.gospelinlife.com/a-tale-of-two-cities-6004.

Kline, Meredith G. *Images of the Spirit*. Eugene, OR: Wipf & Stock, 1999.

———. *Kingdom Prologue: Genesis Foundations for a Covenantal Worldview*. Eugene, OR: Wipf & Stock, 2006.

Lints, Richard. *Identity and Idolatry*. Downers Grove, IL: InterVarsity Press, 2015.

Messner, Aaron. "Remember the Sabbath: The 4th Commandment". Sermão, Covenant College, Lookout Mountain, GA, 9 fev. 2010. Acesso em 5 jun. 2013.

Ortlund, Dane. "Inaugurated Glorification: Revisiting Romans 8:30". *Journal of the Evangelical Theological Society* 57, nº. 1 (2014):111–33.

Ortlund, Raymond C. *Marriage and the Mystery of the Gospel*. Short Studies in Biblical Theology. Wheaton, IL: Crossway, 2016.

Piper, John. *Casamento temporário: Uma parábola de permanência*. 2ª ed. (São Paulo: Cultura Cristã, 2013).

———. *Pecados espetaculares: E seu propósito global na glória de Cristo*. (São Paulo: Cultura Cristã, 2015).

Rishmawy, Derek. "9 Reasons the Garden of Eden Was a Temple". Reformedish (blog), 7 dez. 2012. Acesso em: 26 jun. 2017. Disponível em: https://derekzrishmawy.com/2012/12/07/9-reasons-the-garden-of-eden-was-temple/.

Smith, Colin S. *Unlocking the Bible Story*. Chicago, IL: Moody Press, 2002.

Starke, Robert. "The Tree of Life: Protological to Eschatological". *Kerux: The Journal of Northwest Theological* Seminary 11 (set. 1996):15–31.

Strain, David. "The Seed of the Woman". Sermão, First Presbyterian Church, Jackson, MS, 27 nov. 2016. Acesso em: 19 jun. 2017. Disponível em: http://www.fpcjackson.org/resource-library/sermons/the-seed-of-the-woman.

Taylor, Justin. "Why I Believe in the Covenant of Works". Between Two Worlds (blog), The Gospel Coalition, 11 maio 2012. Acesso em: 24 fev. 2017. Disponível em: https://blogs.thegospelcoalition.org/justintaylor/2012/05/11/why-i-believe-in-the-covenant-of-works/.

Taylor, William. "Jesus Weeps Over Jerusalem: Luke 19:41–48". Sermão, St. Helen's Bishopsgate, London, 4 dez. 2005.

Acesso em 6 jul. 2017. Disponível em: http://www.st-helens.org.uk/resources/media-library/src/talk/9282/title/jesus-weeps-over-jerusalem.

———. "Marriage 1—God's Purpose in Marriage". Sermão, St. Helen's Bishopsgate, London, 30 jan. 2001. Acesso em 2 jun. 2017. Disponível em: http://www.st-helens.org.uk/resources/media-library/src/talk/6313/title/marriage-i-god-s-purpose-in-marriage.

———. "Sodom: Two Responses". Sermão, St. Helen's Bishopsgate, London, 23 fev. 2014. Acesso em: 14 jul. 2017. Disponível em: http://www.st-helens.org.uk/resources/media-library/src/talk/53730/title/sodom-two-responses.

———. "The Temple". Sermão, St. Helen's Bishopsgate, London, Set. 2003. Acesso em: 30 jun. 2017. Disponível em: http://www.st-helens.org.uk/resources/media-library/src/talk/7970/title/5-the-temple.

Tipton, Lane. "The Archetypal Image in Colossians 1:15: Theological Implications". Leitura, 2016 Reformed Forum Theology Conference, Hope Orthodox Presbyterian Church, Grayslake, IL, 8 out. 2016. Acesso em: 20 maio 2017. Disponível em: http://reformedforum.org/rf1605tipton/.

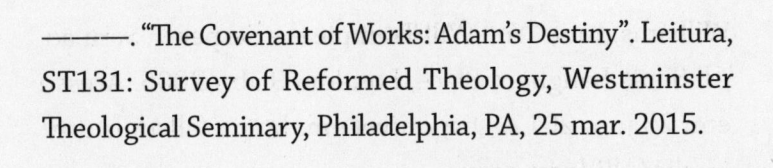

———. "The Covenant of Works: Adam's Destiny". Leitura, ST131: Survey of Reformed Theology, Westminster Theological Seminary, Philadelphia, PA, 25 mar. 2015.

———. "The Image of God: Biblical-Theological Foundations". Leitura, 2016 Reformed Forum Theology Conference, Hope Orthodox Presbyterian Church, Grayslake, IL, 15 out. 2016. Acesso em: 18 maio 2017. Disponível em: http://reformedforum.org/category/series/events/2016-theology-conference/.

Tipton, Lane e Camden Bucey. "Vos Group #5: The Content of Pre-Redemptive Special Revelation, Part 1". Reformed Forum (audioblog), 2 maio 2014. Acesso em 19 mar. 2017. Disponível em: http://reformed forum.org/ctc331/.

Vos, Geerhardus. *Teologia bíblica: Antigo e Novo Testamentos*, 2ª ed. (São Paulo: Cultura Cristã, 2010).

———. *The Eschatology of the Old Testament*. Phillipsburg, NJ: P&R, 2001.

Wilder, William N. "Illumination and Investiture: The Royal Significance of the Tree of Wisdom in Genesis 3". *Westminster Theological Journal* 68 (2006): 51–69.

Williams, Paul. "You Will Trample the Serpent". Sermão, All Souls Langham Place, London, 9 abr. 2005. Acesso em: 25 jun. 2017. Disponível em: http://allsouls.org/Media/AllMedia.aspx.

Willson, Mary. "The Sabbath: A Biblical Theological Approach". Leitura, The Gospel Coalition Women's Conference, Orlando, FL, 23 jun. 2012. Acesso em 22 maio 2017. Disponível em: http://resources.thegospelcoalition.org/library/the-sabbath.

Wood, Will, Camden Bucey e Jared Oliphant. "Ephesians 6:10–17 and a Biblical Theology of Clothing". Reformed Forum (audioblog), 1 abr. 2016. Acesso em: 8 abr. 2016. Disponível em: http://reformedforum.org/ctc431/.

Wright, Christopher. "He Casts Down Babylon". Sermão, All Souls Langham Place, London, 8 jul. 2012. Acesso em 11 jul. 2017. Disponível em: http://www.allsouls.org/Media/Player.aspx?mediaid=91600&fileid=100776.

FIEL MINISTÉRIO

O Ministério Fiel visa apoiar a igreja de Deus de fala portuguesa, fornecendo conteúdo bíblico, como literatura, conferências, cursos teológicos e recursos digitais.

Por meio do ministério Apoie um Pastor (MAP), a Fiel auxilia na capacitação de pastores e líderes com recursos, treinamento e acompanhamento que possibilitam o aprofundamento teológico e o desenvolvimento ministerial prático.

Acesse e encontre em nosso site nossas ações ministeriais, centenas de recursos gratuitos como vídeos de pregações e conferências, e-books, audiolivros e artigos.

Visite nosso site

www.ministeriofiel.com.br

Esta obra foi composta em Chaparral Pro Regular 12, e impressa
na Promove Artes Gráficas sobre o papel Pólen Natural 70g/m²,
para Editora Fiel, em Junho de 2024.